バオバブのお嫁さま

——マダガスカルのむかしばなし

川崎奈月
編訳・絵

論創社

もくじ

コモロ諸島のおはなし……101

アフリカ大陸
コモロ諸島
サンバヴァ
マダガスカル
アンタナナリボ
モーリシャス
レユニオン

マダガスカルのおはなし

だれのもの？

あるところに、ラコトという働きものの若者がありました。ラコトは、二人の兄さんと、田舎に住んでいました。ある日のこと、ラコトと二人の兄さんは、遠く離れたアンタナナリボの町に出かけることにしました。アンタナナリボにある家族のお墓で、先祖を祀《まつ》るお祭りがあったのです。アンタナナリボまでは、歩いて数日。三人は、身のまわりのものをかきあつめて、粗末な袋につめこみ、鍬《くわ》の柄にその袋と鍋をぶらさげ、肩にかつぎました。仕度がととのうと、三人は、さっそうと、アンタナナリボをめざして出かけました。

三人は道を歩いて歩いて、あんまりたくさん歩いたので、疲れてしまって、道ばたの大きな、豊かに葉がしげるマンゴーの木のかげで、休むことにしました。天気もよく、大きな空には、雲ひとつなく、マンゴーのしげった葉はここちよい黒い日かげをつくってくれました。歩き疲れた三人は、気持ちよくなってうとうとと眠りこんでしまいました。

しばらくして、ラコトが最初に目を覚ましました。ラコトはのびをして、立ちあがり、あたりを見まわしました。あたりのようすをのんびり見ていると、あまり遠くない、向かいの丘が目にはいりました。そこは、日がよく当たり、風からもまもられていて、米作りにはぴったりの場所のようでした。ラコトは、ひとりごとを言いました。

「こいつは、米を作るにはうってつけの場所だなあ。それなのに、こうしてほったらかしにしておくなんて、なんて惜しいことだろう！　そうだ！　おれが、この鍬でちょっくら土地を耕しておいたらどうだ？　どうせ、兄貴たちが寝ているあいだに、すんでしまうだろう」

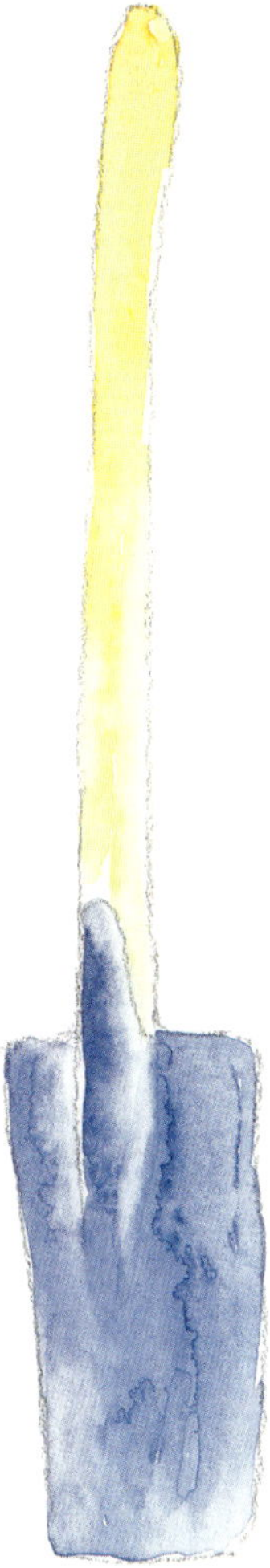

ラコトは、さっそく走っていって、鍬をふるって、大地を耕しはじめました。あんまり一生懸命になったので、目を覚ました兄さんたちがラコトを呼ぶ声も聞こえないくらいでした。ラコトが大地を耕し終わって、頭をあげると、兄さんたちの姿はもう見あたりません。

「ありゃりゃ、おくれてしもうた。兄貴たちに、追いつかにゃ」

　こう言うと、ラコトは来たときと同じように、また鍬に袋と鍋をひっかけて、すたこらとアンタナナリボをめざして、元気いっぱいにかけていきました。じきにラコトは兄さんたちの影をみつけました。その向こうには、青い空の下にアンタナナリボの町が広がっていました。赤土で作られた小さな家々が、宮殿のある丘にずっと並んでいるのが見えました。三人は、アンタナナリボに着いたのでした。


　それから一週間たったある日、ひとりの男が、ラコトが耕した土地のある丘を通り、アンタナナリボに行こうとしていました。男は、耕された大地を見て驚いて、ひとりごとを言いました。

「この土地の持ち主は、なにか心配ごとがあるに違いないねぇ。こんなに立派に大地を耕しているのに、まだ米をまいて苗を育てていないなんて！　これ以上ほったらかしにしておいたら、せっかく耕した大地がだいなしだ」

　ちょうど男は、かごいっぱいの米を持っていました。これは、アンタナナリボの町で、次の市場がたつときに売るつもりでいた米でした。男は、耕された大地の一角に苗床をつくって、持っていた米の一部を、まきました。そして、アンタナナリボへの道を急ぎました。

それから、数日たち、まかれた米からあおあおとした芽がふきはじめました。雨がちょうどよいぐあいに、この芽にたっぷりとふりそそぎ、小さな芽はすくすくとその葉をのばし、太陽の光はそれをやさしくつつみこみました。そんな時、三人目の旅人がやってきました。旅人は、まるで一枚のじゅうたんのようにに見えるあおあおとした苗に見惚れました。つやつやとした葉が風になびくのを見て、旅人は思いました。

「この田んぼの持ち主は死んでしまったに違いない。こんなにすばらしく育った苗をほうっておくなんて、どうかしているよ」

そこで旅人は足をとめて、あおあおと育った苗を田んぼ一面に植えることにしました。旅人は、ひととおり苗を植えると、後で必ず実った米をとりにこようと、立ち去りました。

田んぼ一面に植えられた苗は、豊かな太陽の光のなかで、ぐんぐん大きくなり、やがて花をつけ、豊かな実を重たげに実らせました。その実がじょじょに色づき、十分に熟れてきたころ、四人目の旅人が通りかかりました。旅人は、色づいて十分に熟れた稲穂を見て、とても驚きました。

「こんな立派に実った稲穂をほうっておくなんて、いったいどこの誰だか知らないが、頭がおかしいにちがいない」

旅人は、重たく頭をたれた稲を刈りとり、そして大地に穴をほって、その実をうめました。そして、近いうちにかごを持って戻って来ようと、その場を立ち去りました。

この間、ラコトと兄弟は、アンタナナリボのお父さんとお母さんのうちで過ごしていました。そして先祖を祀るお祭りは、決まりどおりに、とどこおりなくすすみ、終わりました。ラコトたちは、おまつりが終わった後も、しばらくアンタナナリボに残っていました。でも、町の暮らしは、田舎の暮らしに慣れていたラコトには合いませんでした。そこで、ラコトは家族に別れを言い、ひとりで田舎に帰ることに決めました。

ラコトは、来た道と同じ道を、こんどはひとりで田舎に向けてひきかえしました。そして、いつか、鍬で耕したあの丘にたどりつきました。そこでは、三人の男がちょうど言い争いをしている最中でした。三人は、とれた米が、自分のものだと言い争っていたのです。

みんな、一度にそれぞれ言いたいことをどなっているので、いつまでたってもどうどうめぐり。ラコトは、三人に近づいて、それぞれの言い分を聞きました。三人の話を聞いたラコトと、ラコトの話を聞いた三人の男は、成り行きがわかるとみんなで一緒に大笑いをはじめました。そして、とれた米を四人で、同じように分けることにしました。四人、それぞれが同じくらい働いたのだし、四人のうちの誰かが欠けても、米をとることはできなかったのですから！

でも、もしラコトがそこを通りかからなかったら、三人はいまだに言い争いをしているかもしれない、とマダガスカルでは言われているんですよ。

（注　アンタナナリボ……マダガスカルの首都）

（訳注　マダガスカルの食生活の中で、米はとても重要な位置をしめています。マダガスカルでは一年間に一人あたり百二十キロの米を消費し、米の栽培は経済的にも文化的にもマダガスカルの生活にかかせないものです。米を栽培する田は、マダガスカルの中心部にある高地では、典型的な風物詩です。米の栽培は、じかまきではなく、苗床がまず作られます。そして苗はある程度生育したら田に移植されます。稲穂が十分に実ると半月状の鎌で刈り取られ、乾燥させた後、ござの上で石に打ちつけ実をふるい落とします。その後、箕《み》であおり選られた米は、倉庫か屋根裏に保存されます）

しゃべりすぎると損をするはなし

あんまりおしゃべりがすぎると、損をするよ。ラマナムプヘルハの話を聞いたら、それがよくわかるって。

あるところに、王さまがあったそうな。その王さまの飼っているヤギが、急にいなくなったと思ってくれ。ほら、あのヒゲがあって、メエメエと鳴く動物だよ。ヤギをからかって、あの曲がって先のとがった角で、ゴツンとやられたら、たまったもんじゃない。まあ、それはおいといて、ラマナムプヘルハの話だ。

王さまのヤギがいなくなったっていううわさが、町中に広がって、みんながひそひそと、「いったい誰が、盗人《ぬすっと》だろう?」と言っていたときに、お調子もののの、ラマナムプヘルハときたら、

「おいらの口は、ヤギの毛でいっぱいさ」

なんて、冗談にもならない冗談を、いつもつるんでいる仲間の一人にしゃべってしまったんだ。うわさが広がるのは、風が吹くよりもはやいときている。つまらない冗談から疑いが湧いて、王さまはさっそくラマナムプヘルハをお呼びになった。

「そちが、わしのヤギを盗んだのか？」

王さまは、お聞きになったよ。

「おいらがですって？　冗談じゃない！」

「だまれ！　みなが、そううわさしておる。おまえがヤギと一緒だったのを、見たものさえおるのだ！」

ラマナムプヘルハは、一生懸命に違うと言ったんだが、王さまは、何度もきびしく問いつめた。占い師が呼びにやられて、すたこらとやってきた。それから、人々は、ラマナムプヘルハを川岸に連れていった。そこには腹をすかせたワニがいっぱいいて、そりゃあ、恐ろしい見ものだったそうだ。二千匹のワニが、四千の目をぎらぎら光ら

せて、大きな口をぱっくりあけて、自分をねらっているんだもの。そんななかで、占い師は、ラマナムプヘルハに言ったんだ。

「さあ、ラマナムプヘルハよ、水に入るがいい。もしそちが無実ならば、こころしずかに、水に入ることができるであろう。ワニでさえも、そちを食べることはできまい」

ラマナムプヘルハは、それを聞いて、ふるえあがったさ。こんななかで、ふるえあがらないものがいるかね？

「おいらがヤギを盗みました！」

ラマナムプヘルハは、ワニから逃げ出したいばかりに叫んだ。そして、盗んでもいないヤギと、おまけに九匹の、まるまる太ったおおきな牛を、王さまにさしださなければいけなかったんだそうな。

それから、長い年月がたってその王さまが死んでしまい、占い師も死んでしまったあと、やっと本当の盗人がわかったんだ。ヤギを盗んだのは、ラマナムプヘルハなんかじゃなかったんだよ。村を通りかかった、どこからきたかわからない流れ者だったそうだ。ラマナムプヘルハには、まったく気の毒な話さ。だからさ、冗談もいいけれど、ほどほどにしとかないとな。じゃないと、ラマナムプヘルハみたいに、とんでもない代償を払わせられることになるかもしれないからな。

正直者の母娘

かし、あるところに、ひとりの貧乏な後家さんがいました。その後家さんには、ひとり娘がいました。二人には財産らしいものは全くありませんでした。だから、毎日、近くの海の浅瀬で、布きれを使って小魚を獲《と》り、それを暮らしのたしにしていました。

ところがある日のこと、二人は大きな布きれを水面にうち、小魚をあつめるのにあんまり熱心だったので、お日さまが傾くのにもちっとも気がつかないでいました。日がかげり、薄暗くなったころには、もう潮が満ちてしまって、二人はすっかり、海の中にほんのちょっぴりあたまをのぞかせる、小さな小さな丘に取り残されてしまいました。娘はしくしくと泣き始めました。

「かあちゃん、あたし、こわいよう。日は暮れてしまったし、こんなところに取り残され

19　正直者の母娘

ちゃって」

　後家さんはいいました。

「こわがることは、なんにもないよ。正直ものは、なんにもこわがらなくていいんだから」


　ちょうどそのとき、二人づれのならずものが、そこを通りかかりました。ひとりはこのあたりを荒らしていた人殺しで、もうひとりはわるいまじない師でした。娘は二人を見て、ふるえあがりました。

「逃げよう、かあちゃん。やつらはあたしらを殺してしまうよ」

　でも、後家さんは言いました。

「逃げることはないよ、なんにもこわがることはないよ。正直にしていれば、こわがることは、なんにもないんだから」


　海の中に取り残された二人を見つけて、ならずものたちがやってきました。けれども、ならずものは、ひと影がおんなと子どもだったうえに、金になりそうなものはなんにも身に着けておらず、それどころか、貧しそうな身なりをしているのを見て、二人を殺すのをやめました。ならずものたちは話し合いました。

「おんな子どもを殺してもなんの得にもなりはしねぇ。それより、売りとばしたら、いくらなんでも少々の金になるんじゃねぇかな。それでもうけた金を、山分けしよう」

こうして、二人のならずものは、母と娘を海の中の丘からひっぱりだし、自分たちのかくれ家がある森のなかへ連れていきました。

かくれ家へ帰ると、人殺しのほうは、さっそく母と娘の買い手をさがしに出かけていきました。まじない師のほうはうちに残って米を炊《た》きながら、人殺しの帰りを待っていました。

ところで、このならずものたちは、一緒に仕事をしてはいましたが、ほんとうはお互いのことが、いまいましくてならなかったのです。そんなわけで、別れたとたんに、お互いを殺してやろうとたくらみました。人殺しのほうは、ぐさりと心臓をつきさすためにナイフをとぎ、まじない師のほうは、炊いたお米に毒を混ぜ込みました。二人とも相手を殺したあとは、たくわえたぶんどり品をひとりじめにできるとほくそえみました。

人殺しは、出かけたふりをしてこっそりかくれ家に帰ると、火のまえで米を炊いているまじない師を、背中からぐさりとナイフでつきさして、殺してしまいました。そして、腹がすいていたので、まじない師が炊いた米をたいらげました。たいらげたと同時に、まじない師が混ぜ込んだ毒にあたって、ばったりと死んでしまいました。

成り行きを見ていた後家さんは、娘に言いました。

「ほら、ごらん。いつも、かあちゃんが言っているとおりだろう？　正直にしていれば、こわがることはなんにもないんだよ」

母と娘は、ならずものたちがためこんだぶんどり品を見つけて、うちへ持って帰り、それからずっと裕福にくらしました。

ラミキルケ王の嫁さがし

ダガスカルのある地方に大きな広い川が流れていました。その川に沿ったある地域を、ラミキルケという名の王さまが治めておりました。ラミキルケ王は美しい、立派なすがたをした王さまでしたから、なかなかつりあいのとれるお后《きさき》さまが見つからないでいました。そんなわけで、ラミキルケ王は、ある日、川岸に船を浮かべ、川を下り、自分とつりあいが取れるほどの美しい娘を探しに、旅に出ることにしました。

ラミキルケ王のお嫁さま探しのうわさは、付近の川岸の村々にあっという間に広まりました。村々の娘たちは、こぞって川岸に姿をならべました。娘たちは、首にはくび飾りを幾重にも巻き、指にも、手首にも、腕にも、足首にも、金銀、色とりどりの石を使った、美しい飾りをつけました。体には色とりどりの模様の描かれた布を巻きました。髪は、さまざまに工夫をこらして結いあげられ、香りのよいヤシの油がぬられ、漆黒《しっこく》に光り輝いておりました。それぞれの部族のお守りや、秘伝の惚れぐすりが身につけられましたが、ラミキルケ王は、それらのうちのどの娘にも心を奪われず、風の向くままに川下に船を進めていくばかりでした。

やがて、日が落ち、夜の帳が川面《かわも》をおおいました。月の明るい光が川を照らし、川面はきらきらと輝きはじめました。川岸が見えなくなったので、ラミキルケ王は、船をゆっくり進めるように、家来たちに命令しました。やがてゆっくりと船は、小さな村に近づき、ラミキルケ王は、そこで一夜を明かそうと思いました。

川岸に近づくと、そこには三人の娘がおりました。一番大きな娘が言いました。

「わたくしこそが、あなたさまがお探しになっている娘でございます。夜があなたさまを、こちらにひきよせたのでございます。わたくしは器量好しというばかりではありませぬ。一日に百枚のござを編みあげ、一

日に百束の絹をつむぐことができまする」

そうすると、二番目に大きな娘が、負けずに言いました。

「あなたさまのお嫁さまには、わたくしこそがふさわしゅうございます。わたくしがちらと見ただけで、ヤシの葉のござは勝手に編みあがりまする。わたくしは、月の光で布を織ることができまする」

いちばん小さい娘が、最後に言いました。

「一枚のござを編みあげるのに、わたくしは何日も何日もかかりまする。わたくしには、一枚の布を織りあげるのに、一年さえも短いほど。あなたさまのお嫁さまになど、わたくしはなりたくもない。あなたさまは、一人ののんびり船にのるくらいしかできぬ、弱い王さまでございますから」

これを聞いて、ラミキルケ王はたいへんに怒りました。

「船を上手につけろ」

ラミキルケ王は大声で叫びました。けれど、岸に着き、一目、娘を見た王さまの怒りは、太陽の前の霧のようにかき消えました。娘は、とくに美しいというわけではなく、背もラミキルケ王の肩くらいまでしかありませんでした。小さな娘は、ほかの娘たちのように、金銀を体につけてはおりませんでした。こざっぱりした服に、白い貝殻の首飾りをかけているだけでした。でも、娘には、飾りなど必要ない、なにかあたりをはらう威厳がありました。ラミキルケ王は娘に近づいて言いました。

「恐れを知らぬ、まっすぐな心のあなたこそ、わたしの国のお后にふさわしい娘。あなたは、すでにわたしの心を征服してしまった」

こうして、月の光が水上にきらめくなか、船はすべるようにラミキルケ王とそのお嫁さまを国に連れて帰ったということです。

ある金持ちの後家さん

あるところに、ひとりのお金持ちの後家さんがありました。ある夜のこと、後家さんのお金をねらって、六人の泥棒がうちに押し入りました。泥棒たちは、後家さんを殺して、お金を奪おうとしましたが、後家さんは言いました。

「明日までに、うちじゅうのお金を集めて用意しておきますから、今日のところはどうか命だけはごかんべんください」

泥棒たちはそれを聞いて、それでは明日の夜までには、約束どおり、きっとうちじゅうの金をさらって用意しておくのだぞ、と念を押して帰っていきました。

翌朝になると、後家さんは、どうしたものかと考えながら、ぶらぶらと家のそとへ散歩にいきました。散歩の途中で、後家さんは川岸にころがっている男の死体を見つけました。後家さんは、えんやこらと、その死体を家までかついでいって、大きな旅行鞄につめこんでおきました。それから、うちじゅうのお金をかき集めると、家の前にある大きなイチジクの木の上に隠しました。そして、夜になると、自分もこのイチジクの木のてっぺんに登って、泥棒たちを待つことにしました。

さて、夜がふけると、六人の泥棒たちは、言ったとおり、後家さんのうちに行くことにしました。六人の泥棒のかしらは言いました。

「おれたちのうち、四人は金を運ぶのがよかろう。二人は見張りだ。このイチジクの木の枝にすわって様子を見て、万一、人が近づいたりしたら、大声で知らせるのだ」

四人の泥棒は、家のまんなかで、大きな旅行鞄を見つけると、これこそ金のぎっしりつまった鞄にちがいない、と思いこんで、肩にかついで、大急ぎで運び出しました。月のきれいな夜だったので、その四人の姿は、イチジクの木の上に登っていた見張りの二人にもくっきりと見えました。ただ、四人がかついでいるどうやら鞄らしき四角いものから、二本の足がにょっきり突きだしているのも見えます。そこで、二人の見張りは大声でどなりました。

「おうい、おぬしたちがかついでいるのは、人間だぞぅ」

かしらと他の泥棒たちは大声で言い返しました。

「おまえらは、なんてまぬけなんだろう。おまえらのようなばかと、金を分け合うのは、まっぴらごめんだ。どこへなと、とっととうせろ」

だが、二人の見張りはみんなに追いついて、なおも言いました。

「ばかはどっちだ。荷物を降ろして、自分の目で確かめて見るがいい。ほれ、二本の足がにょっきり出てるだろうが」

かしらたちが鞄を下ろして見ると、確かに入っていたのは、おだぶつになった人間さまでした。

「うぬ、あの後家め。おれらをまんまとだましおった」

かしらたちは、怒って、

「おまえがなにさまか知らないが、もし恨みに思うなら、化けて出てくるがいい」

と、死体を川に投げ込みました。そうして、今度こそ、とっちめて金をせしめようと、後家のうちに走ってひきかえしていきました。

後家のうちに着くと、家はまっくらです。腹もすいてきたので、泥棒たちは家の前の大きなイチジクの木に登って、イチジクをもいで食べました。泥棒たちが、今度は後家さんのいる木のてっぺんのほうまでどんどん登ってくるので、後家さんは、どうなることやらと、はらはらしていました。泥棒たちは、後家さんがありったけのお金を持って、木のてっぺんにいるとは、夢にも知りません。泥棒のうちの一人が、とうとう木のてっぺんまで登ってきて、イチジクを取ろうと手を伸ばすと、後家さんの手に当たりました。後家さんは、その泥棒に言いました。

「しーっ。なにもお言いでないよ。こうしておまえさんと出会ったのだから、わたしをおまえさんのお嫁さんにしておくれでないか？　そうすれば、わたしの持ちものは、全部おまえさんとわたしのものになるのだよ」

泥棒は、それもよかろうと思って、承知しました。後家さんはさらに言いました。

「夫婦になるんだから、キスをしないとね」

と言って口を近づけると、泥棒の舌を自分の歯で噛み切りました。泥棒は、痛みと驚きのあまり、木からまっさかさまに落ちました。落ちなが

ら、仲間の泥棒に、後家が木の上にいると伝えようと、叫ぶのですが、なにしろ舌を嚙みきられているので、言葉になりません。意味不明の叫び声にしか聞こえず、他の五人の泥棒たちは、それを先ほど川に捨てた死体が化けて出てきたのだとかん違いして、おそろしさのあまり、イチジクの木から飛び下り、一目散に逃げだしました。舌を嚙み切られた男は、なおも叫びつづけながら追いかけてくるものだから、泥棒たちは化け物から逃れるために、われさきにと死体を投げこんだ川に飛び込んでいって、ついに六人はひとり残らず、おぼれ死んでしまいました。後家さんは、その後、財産を失うこともなく、楽しく暮らした、ということです。

片手の男

こどもたち、よくお聞き。騒いではいけないよ。わたしの前に、すわって、これから言うことを、ちゃんと覚えておくんだよ。

さあ、晩ごはんも終わり、日もとっぷり暮れた。今夜は月がないから、星がきらきら光っているね。熾《お》きが残っているから、すこしわたしの顔が見えるだろうが、その向こうは漆黒《しっこく》の闇《やみ》だ。

こんな夜には、ごはんのあと、眠たくなくても絶対に一人で外へ出てはいけないよ。なぜだかわかるかい？　それは片手の男が、闇の中、ひとりでうろうろしている子どもたちをさらいに来るからだ。

この男は、本当は片手じゃない。一方の腕がなぜかとても小さくて、もう一方はとても長いから、遠くから見ると、腕が一本しかないように見える。あるものは、この男の背中には、大きな穴が開いていて、その穴を通して、闇の向こうが見える、という。肌の色がとても黒いから、闇にとけこみやすく、姿がわかりにくい。

片手の男は、夜の闇のなか、音もなく現れ、長いほうの腕を使って、子どもをさっと抱きかかえ、また闇のなかに消えていく。それがあんまりすばやいものだから、さらわれた子どもは声を上げる暇もない。

そのあと、さらわれた子どもはどうなるかって？　二度と、親のもとへ帰ってこない子どももいる。何年もたった後、ひょっこりと帰ってくる子どももいるらしい。片手の男が、そっと子どもを返しに来ると言うものもいる。だが、片手の男のところで、なにがあったのかは、どの子どももいっさい口にしないから、どうしてこの男が子どもをさらうのかは、わからないままだ。

おや、子どもたち、震えているね。すこし風があるせいだけではないだろう？　さあ、片手の男がこわければ、夜中の闇のなか、面白半分に外へ出てはいけないよ。わかったら、おやすみ。熾きの光も、もう消えそうだ。寄りそって、寝るがいい。今夜は、満天の星だ……。

乳を吸うヘビ

マダガスカルには、いろんな動物がおるんじゃが、ほかの土地にはいないような、変わった動物もおる。たとえば、こんなのは知っておるか？　乳を吸うヘビじゃ。これは、マダガスカルの北東部、サンバヴァ地方では、誰もが知っているヘビじゃ。

マダガスカルの田舎の小さなうちは、床が地面から少し高いところにある。この床を支えているのが、四つの柱なんじゃ。少し地面から高いところに床があると、雨が降っても、家の中が水びたしになったりせんでええし、鶏《にわとり》や、ネズミも簡単には入ってこれん。

でもな、こういう高い床でも、ヘビをふせぐことはできん。ヘビは、柱にくるくるとからだをまきつけて、よじ登ってくる。マダガスカルには、いろんなヘビがおるんじゃが、なかにはこうしてうちのなかに入ってくるヘビがおる。米袋に入りこむのが好きなヘビもおれば、バナナの葉で作った壁のすきまで、のんびりするのが好きなヘビもおるんじゃ。

さっき話した乳を吸うヘビというのは、お産をしたおっかさんのおっぱいが大好きなヘビなんじゃ。サンバヴァ地方では、このヘビをラパタと呼んでいる。ラパタは、赤ん坊に乳をやっているおっかさんをどこからか、においをかぎわけてやってくる。

マダガスカルでは、みんな床に寝るんじゃが、夜中になって、まっくらになると、ラパタはこっそり音も立てずに、赤ん坊を抱いているおっかさんの胸に近寄り、乳房にくらいついて、乳を吸うんじゃ。ラパタには、歯もないし、赤ん坊の乳をよこどりするくらいで、ほかにわるさもしない。マダガスカルの田舎には、いまだに電気もなくて、小さなうちの中はまっくらじゃから、おっかさんは、かわいい赤ん坊がお乳を吸っている、と思いこんで、また寝てしまうというわけじゃ。

だから、かわいい赤ん坊がいるおっかさんは、気をつけるがいい。赤ん坊にやる乳が、ラパタに全部、吸いとられてしまわないように。

サンバヴァ地方では、このラパタを知らないものはいない。じゃが、わしは何十年もここに住んでいるが、本当の姿を見たことは、いまだにないんじゃよ。

ワニのブルングと魔女

あるところに大きな川がありました。川幅が広くて、向こう岸に渡ることができないくらいでした。この川岸に、小さな村がありました、村人にまじって、ひとりの魔女が住んでおりました。魔女は、誰にもないしょで、川でこっそりワニを飼っていました。ワニが川に棲《す》んでいるとは、村の人は誰も知りません。

ワニは広い川のどこかにいつもかくれ、魔女が来て、歌を唄《うた》ったときだけ川岸にやってくるのでした。魔女はこのワニをたいへんかわいく思い、ブルングという名前をつけ、大きくなるようにまじないをかけたニワトリを、毎日一羽ずつやりました。

魔女のまじないをかけたニワトリのおかげで、ワニのブルングは、日に日に大きくなりました。最初は小さかったブルングが魔女を乗せられるくらい大きくなると、魔女は、ブルングの背中に乗って、広い川の向こう岸まで、らくらくと渡れるようになりました。

ブルングはさらにどんどん大きくなりました。そしてある日、魔女に言いました。

「ばあさん、おれはもう、ニワトリなんかじゃあ、満足できねぇ。腹がへってしかたがねぇ」

魔女は、コブウシをやりました。ブルングは最初は満足しましたが、しばらくすると、

「コブウシじゃあ、ものたりねぇ。もっとうまそうなものが食いてぇなぁ。人間の子どもが食いてぇなぁ」

魔女はしかたなく、ときどき人間の子どもをさらってきては、ブルングにやりました。でも、ブルングはしばらくすると、

「ばあさん、人間の子どもは小さすぎるなぁ。どうもものたりねぇ。人間の大人が食いてえなぁ」

と、言いました。魔女は言いました。

「しかたないね。もう、勝手におし。でも用心して、ふだんはかくれておるのだよ」

こうしてブルングは、川岸に洗濯や漁にやってくる村人を、ときどき食べるようになりました。ブルングはもっと

もっと大きくなり、とうとう小山のようになりました。

ところで、村人たちは、川にワニが棲んでいるとは、思いもよりません。だから、村のものが川に行くと、ときどき姿を消してしまうのをおそろしく思うようになりました。気味の悪いうわさが広がり、人々は、川に近寄らないようになっていきました。そんななか、ただひとり、魔女だけが、しばしば川に出かけ、無事に帰ってきます。あるとき、一人の村人がそれを不思議に思い、魔女の後をつけていきました。

川岸につくと、魔女は歌を唄い始めました。

「ブルング、ブルング、
わたしのかわいいワニ、
出ておいで、
わたしを向こう岸まで連れていっておくれ」

魔女は、この歌を不思議なしらべで何度か唄いました。そうすると、川の水面に波が立ち、渦がまき、それから、ザザッと音を立てて、ブルングが現れました。小山ほどもある大きなワニです。村人の驚きといったら！　ワニが水面から頭を出すと、魔女はワニの頭を踏んで、背中にのり、らくらくと川を渡って、向こう岸にいきました。

魔女とワニの姿が消えると、村人は大急ぎで、村へ帰り、いま見たばかりのできごとを村人たちに伝えました。

「なんとまぁ、でっけぇワニだったでぇ」

「どうしたらよかろう?」

人々は魔女が寝ている間に、みんなでワニを殺すことにしました。

鍬《くわ》や鎌や、ありとあらゆる思いつく限りの道具を持って、村人は川岸に向かい、ものかげにかくれました。ひとりの村人が、魔女が唄っていた歌を唄うと、巨大なワニが出てきました。出てきたワニを、村人たちはいっせいにぶちのめし、たたき殺しました。

さて、魔女はそんなことがあったとはまったく知らず、翌日、ひとりで川岸に行き、ブルングを呼び寄せようと歌を唄い始めました。でも、やさしく唄っても、どなっても、待てど暮らせど、ブルングは出てきません。

夕方になって、魔女はやっとあきらめて村にあるうちに帰りました。大切に育てていたブルングがいなくなり、魔女はすっかり元気をなくしました。近所のおかみさんが聞きました。

「ばあさん、いったいどうしたんかね。すっかりしおれちまっているじゃないか」

こっそり飼っていたブルングがいなくなったから、とも言えず、魔女は年のせいで、気分が悪いだけだ、と首をふりました。

その夜、魔女が寝ていると、ブルングが夢に現れました。夢の中で、ブルングは魔女に話しかけました。

「ばあさん、ばあさん。わしじゃあ。ばあさんに育ててもらったワニのブルングじゃあ。ばあさんがいつも唄う歌をきいて、川岸に行ってみたら、村人たちが待ちかまえていて、ぶち殺されてしまったんじゃ。死んだのはいいが、こっちの世界で、おれはばあさんがいなくて、寂しくてしょうがねぇ。おれは、ひとりになるのは、いやだから、ばあさんも、こっちに来てくれ」

翌朝、ばあさんは目覚めることなく、ぽっくり死んでしまっていたそうな。

だれが一番強いか

る日、ラブティティが木に登ったときのこと。ラブティティは、くさった枝に足をのせました。枝は折れ、ラブティティは、落っこちて、足を折ってしまいました。地面に座り、折れた足をかかえて、ラブティティは言いました。

「この木がぼくの足を折っちまった。この木はぼくよりも強い。きっと世界で、一番強いんだ」

「たしかにわたしは強い」木がこたえました。「でも、風はわたしをねじまげ、枝を折ってしまう」

風は木の枝をねじまげ、木はラブティティの足を折る。だから風が一番強いんだ。

「たしかにわたしは強い。でも、壁はわたしをさえぎる。わたしは壁を乗りこえることができない」風がこたえました。

壁は風をさえぎり、風は木の枝をねじまげ、木はラブティティの足を折る。だから壁が一番強いんだ。

「そうですね。わたしはたしかに強いでしょうよ」壁がこたえました。「でも、ネズミはわたしをかじって、穴をあけるのよ」

ネズミは壁に穴をあける。壁は風をさえぎり、風は木の枝をねじまげ、木はラブティティの足を折る。だからネズミが一番強いんだ。

「そうだな。ぼくらは強いよ」ネズミがこたえました。「でも、ネコはぼくらを食べるんだ」

ネコはネズミを食べる。ネズミは壁に穴をあける。壁は風をさえぎり、風は木の枝をねじまげ、木はラブティティの足を折る。だからネコが、じつは一番強いんだ。

「そうね。たしかにあたしは強いわよ」ネコが言いました。「でも、綱はわたしをしばりくびにしちゃうのよ」

綱はネコをしばりくびにする。ネコはネズミを食べる。ネズミは壁に穴をあける。壁は風をさえぎり、風は木の枝をねじまげ、木はラブティティの足を折る。だから綱が一番強いんだ。

「そうだな。たしかにおれは強い」綱は言いました。「でも、ナイフはおれをずたずたに切ってしまう」

ナイフは綱を切ってしまう。綱はネコをしばりくびにする。ネコはネズミを食べる。ネズミは壁に穴をあける。壁は風をさえぎり、風は木の枝をねじまげ、木はラブティティの足を折る。だからナイフが一番強いんだ。

「そうかもしれない。わたしは強い」ナイフは言いました。「でも、火はわたしをめらめらと焼きつくしてしまう」

火はナイフを、めらめらと焼きつくしてしまう。ナイフは綱を切ってしまう。綱はネコをしばりくびにする。ネコはネズミを食べる。ネズミは壁に穴をあけ、壁は風をさえぎり、風は木の枝をねじまげ、木はラブティティの足を折る。だから火が一番強いんだ。

「そうだな。わたしは強い」火が言いました。「でも、水はわたしを消してしまう」

水は火を消す。火はナイフをめらめらと焼きつくしてしまう。ナイフは綱を切ってしまう。綱はネコをしばりくびにする。ネコはネズミを食べる。ネズミは壁に穴をあける。壁は風をさえぎり、風は木の枝をねじまげ、木はラブティティの足を折る。だから水が一番強いんだ。

「そうね、たしかにわたしは強いわ」水が言いました。「でも、船はわたしの上をゆうゆうと泳ぐわよ」

船は水の上を自由に泳ぎ、水は火を消す。火はナイフをめらめらと焼きつくしてしまう。ナイフは綱を切ってしまう。綱はネコをしばりくびにする。ネコはネズミを食べる。ネズミは壁に穴をあける。壁は風をさえぎり、風は木の枝をねじまげ、木はラブティティの足を折る。だから船が一番強いんだ。

「そりゃあ、ぼくは強いぜ」船は言いました。「でも、ぼくが岩にぶつかったら、ぼくはこなごなにくだけてしまう」

岩は船をこなごなにくだいてしまう。船は水の上をゆうゆうと自由に泳ぎ、水は火を消す。火はナイフをめらめらと焼きつくしてしまう。ナイフは綱を切ってしまう。綱はネコをしばりくびにする。ネコはネズミを食べる。ネズミは壁に穴をあける。壁は風をさえぎり、風は木の枝をねじまげ、木はラブティティの足を折る。だから岩が一番強いんだ。「そうじゃな。たしかにわしは強い」岩は言いました。「でも、カニはわしの中に穴をあけるぞ」

カニは岩に穴をあける。岩は船をこなごなにくだいてしまう。船は水の上をゆうゆうと自由に泳ぎ、水は火を消す。火はナイフをめらめらとやきつくしてしまう。ナイフは綱を切ってしまう。綱はネコをしばりくびにする。ネコはネズミを食べる。ネズミは壁に穴をあける。壁は風をさえぎり、風は木の枝をねじまげ、木はラブティティの足を折る。だから力ニが一番強いんだ。

「そうさ、ぼくらは強い」カニは言いました。「でも、人間はぼくらをつかまえて、手足をちぎってしまう」

人間はカニをつかまえて手足をちぎる。カニは岩に穴をあける。岩は船をこなごなにくだいてしまう。船は水の上をゆうゆうと自由に泳ぎ、水は火を消す。火はナイフをめらめらとやきつくしてしまう。ナイフは綱を切ってしまう。綱はネコをしばりくびにする。ネコはネズミを食べる。ネズミは壁に穴をあける。壁は風をさえぎり、風は木の枝をねじまげ、木はラブティティの足を折ってしまう。だから人間が一番強いんだ。

「たしかに人間は強い」人間が言いました。「でもマダガスカルの神のザナハリは、わたしたちの命を奪うことだってできる」

神さまザナハリは人間の命を奪うことだってできる。人間はカニをつかまえて手足をちぎる。カニは岩に穴をあける。岩は船をこなごなにくだくことができる。船は水の上を自由に泳ぎ、水は火を消す。火はナイフをめらめらとやきつくしてしまう。ナイフは綱を切ってしまう。綱はネコをしばりくびにする。ネコはネズミを食べる。ネズミは壁に穴をあける。壁は風をさえぎり、風は木の枝をねじまげ、木はラブティティの足を折る。だから結局、一番強いのは、神さまのザナハリなんです。

四人のお姫さま

ある村にとても裕福な王さまがありました。王さまには美しいお后《きさき》さまがいて、お二人はとても仲のよい夫婦でしたから、だれもが、王さまとお后さまはこの上なく幸せだ、とうらやんでおりました。

けれども、お二人には大きな悩みがありました。それは結婚して、もう何年もたつというのに、まだ子宝にめぐまれない、ということでした。王さまとお后さまは、ありとあらゆる薬草を飲んだり、まじないをしてみましたが、子どもはできませんでした。最後に、二人は、村から遠く遠く離れたところに住む、名高いまじない師のところに相談に行きました。

まじない師は、二人の顔をじっと見て言いました。

「もし、子どもがほしかったら、お后さまは一人で湖に行って舟を出し、そこで釣りをするのです。そして、魚が釣れたらそれをうちに持って帰って、ひとりでお食べなさい。そうすれば、近いうちにお二人は必ず、かわいらしいお子さまを授かることでしょう」

二人は大喜びで御殿に帰りました。そして、翌日の朝早く、さっそくお后さまは仕度をして、言われたように湖に釣りに行きました。お后さまは何度も釣り糸をたれましたが、釣り糸の先についてくるのは藻や、ごみばかりで、魚はちっともかかってくれません。日がかたむき、夕暮れになるころ、お后さまがため息をつきながら、これが最後とばかりに竿《さお》を振ると、釣り糸の先になにか手ごたえを感じました。お后さまが大喜びで竿をひくと、釣り糸の先にいたのは、すばらしい虹色をした、みごとなお魚でした。

お后さまは、大喜びで釣った魚を大事に家に持って帰りました。うちに帰ると、お后さまはお台所で、さっそく魚のうろこをとりました。お台所の床は、木でできていて、はが

れたうろこがいくつも木のすき間から地面に落ちました。それから、お后さまは魚の内臓をとりだして、きれいに洗いました。内臓は外のごみ捨て場に投げ捨てました。それから、鍋に魚の切り身を並べて、上手に炊きました。できあがった魚料理を、お后さまは言われたように、ひとりでたいらげました。さかなの背骨や、小骨は食べずに、お上品にきれいにはずしてたいらげました。

ちょうどそのころ、においをかいで床のしたにもぐりこんでいた犬が、すき間から落ちたうろこを食べました。そして、同じころに、ごみ捨て場にころがっていた魚の内臓を、いつも残りものをあさっているぶたが「しめしめ」とばかりに、ぺろりと食べました。お后さまは、お皿に残った魚の骨を、かわいがっているネコにやりました。ネコは、喜んで残りものの骨を食べました。

数ヵ月後、お后さまは、めでたく赤ちゃんをお腹にお宿しになりました。そして、同じとき、魚の切れっぱしを拾い食いした動物たちのお腹も、大きくなりました。それから、また数ヶ月がたって、お后さまはかわいらしい女の子の赤ちゃんを、お生みになりました。そして、同じ日に魚の切れっぱしを食べたネコと、ぶたと、犬も同じようにかわいらしい、お后さまの女の子にそっくりな赤ちゃんを生みました。

ひとびとは、ネコとぶたと犬がかわいらしい赤ちゃんを生んだので、たいへんに驚きました。王さまとお后さまもたいそう驚かれましたが、同じ日にそっくりな赤ちゃんが生まれるとはなにかの縁であろうと、このネコとぶたと犬から生まれた、三人の女の子の赤ちゃんもひきとり、お姫さまと一緒に育てることにしました。

お姫さまは、大切に育てられ、たいそう美しくかしこくお育ちになりました。ネコとぶたと犬の赤ちゃんたちも、同じように育てられ、お姫さまとそっくりに美しくかしこく育ちました。お姫さまが年ごろになったとき、ある遠い村の王子さまが美しいお姫さまのうわさを聞き、お姫さまをお嫁さんにしたいと王さまを訪ねてきました。王子さまはたいそう立派でかしこそうな若者だったので、王さまは悩んだあげくに言いました。

「娘を嫁にやってもよかろう。ただし、四人の娘のうち、どれが本物の姫か、おぬしが言い当てることができたならじゃ」

王子さまが最初の部屋を訪れると、美しい娘が現れました。

「王子さま、ようこそおいでくださいました」

娘はそう言って、王子さまをしとやかに迎えました。でもこの美しい娘の部屋のなかといったら、服はあちこちに投げだされ、食べものの残りかすがあちこちにころがり、もう足の踏み場もないほどなのでした。

それから王子さまは、二番目の部屋を訪ねました。戸をたたくと、最初の娘とそっくりの美しい娘が現れ、王子さまをもてなしました。

「長い旅のあと、たいそうお疲れでしょう」

娘は王子さまを座らせ、自分もそのとなりに座り、体をこすりつけたり、まるめたり。そして、目を細めてさかんに王子さまにこびを売るのでした。王子さまはあまりのなれなれしさに気味が悪くなって、早々に、退散しました。


次の三番目の部屋をたたくと、また同じ顔の美しい娘が王子さまを迎えました。

「ようこそ、おいでくださいました」

娘はそう言って、王子さまを部屋の中に招き入れました。お姫さまは少し鼻をひくひくさせて王子さまをかぎましたが、そのほかはたいそう礼儀正しく、お話もお上手で、王子さまは居心地よく思いました。王子さまがいとまごいをしようとしたちょうどそのとき、誰かが戸をたたきました。すると、娘のにこやかなお顔が、突然変わって、

「だれじゃ、そこにいるのは」

と叫ぶと、鼻にしわをよせ、ううと低いうなり声をあげました。王子さまはびっくりして部屋をとびだしました。

最後に王子さまは、四番目の娘の部屋を訪ねました。娘は先の三人の娘たちと同じような顔かたちでしたが、気高く、なんとも言われぬ気品にあふれていました。この娘も、同じように王子さまを部屋に招き入れました。娘は、礼儀正しく王子さまのあいさつに耳を傾けていましたが、背筋をのばし頭を高くあげ、いつも堂々としていました。この姿を見た王子さまは、娘の手をとり、大きな声で言いました。

「あなたこそ、わたしの妻になる女性だ」

そしてお二人は王さまのお許しを得て、盛大なご婚礼をあげ、末永く幸せにお暮らしになったそうな。

さて、みなさんは、どの娘がネコの、ぶたの、犬の娘だったかわかったでしょう。でも、残ったネコとぶたと犬の娘たちも、単純な気のいい娘たちだったので、それぞれそれなりに幸せだったそうですよ。

マダガスカルのものごとのはじまり

ワニと牛

どうしてワニには舌がなくて、牛には上あごの歯がないのか、というはなし。

ある日、牛が川のほとりに水を飲みにいった。ちょうどワニが、ひなたぼっこをしていた。牛が水を飲み始めると、ワニは牛のもっている、とてもきれいな歯を見て、うらやましくなった。そこでワニは、牛に言った。

「おまえさんの歯は、なんてきれいなんだろう！　そんな歯をもっていたら、幸せだろうなあ！　どうだい？　おまえさんのすてきな歯を、おれさまの舌ととりかえっこしてくれないかい？」

牛はその申し出を喜んで受け、取り引きが成立した。ワニは自分の舌を牛にやり、牛はそのかわりに上あごのはしの歯をやった。

ワニに舌がなくて、牛に上あごの歯が無くなったのは、このときが最初。それから、ずっとそのまんま。

それだけのはなし。

（注　ウシには、上あごの切歯と犬歯がない。ワニには実際、舌があるのだが、その舌は口の下にはりついていて見えない。そのために、この伝説が生まれた）

ワニとイノシシ

むかしむかしのこと。そのころ、まだワニとイノシシは、出会ったことさえなかった。

ある天気のよい日のこと、ワニがゆったり、背中を太陽の光で暖めながら、川をゆらゆら泳いでいた。

「ああ、こんなときに、川岸をちょうどいい具合に、獲物が通りかかってくれればいいんだがなぁ」

ワニがそう思いながらゆらゆらと泳いでいると、向こうから見たこともない動物がやってくるのが見えた。イノシシだった。

「しめしめ、これはちょうどいい晩めしがやってきた。まてまて、あわてて、とびかかって、おどろかして逃がしてしまってはもったいない。ここは、用心してねらおう」

ワニはゆっくりと川岸に近より、イノシシに声をかけた。

「こんにちは。だんな。どこのどなたか存じませんが、お会いできて光栄のいたりでござんす」

イノシシも、はじめて見る生きものに驚きながら、思った。「こりゃまたいったい、なんという生きものだろう？　水の中を泳いでいやがる。それに、あんまり、礼儀正しすぎる。正直ものでは、なさそうだ」

それでも、イノシシは、ていねいにあいさつを返した。

「ごきげんよう」

「だんなはいったい、どちらさんでござんすか。このあたりじゃ、みかけないようでがすな」

「なんと、わしのことを聞いたことがねえのかい？　このあたりじゃ、皆、わしのことを知っていて、わしを怖がっているが。わしほど強いものは、おらんのでね」イノシシは不敵にわらった。

「それは、ほんとでござんすか？　わしはただのワニでござんすが、それでも、このあたりじゃ、わしの強さに並ぶものはおりませんぜ」

イノシシは鼻でわらって言いかえした。

「なんとまあ、うぬぼれのつよい！」

それをきくと、ワニはすっかり腹を立てた。

「うぬぼれがつよいのは、どっちだい。わしのことを知らんものは、この川広しと言えども、どこにもおらんぞ」

「ふん、そんなに頭を低くして、一体どんな獲物がとれるというんじゃ。おまえさんは、足だってそんなに短くて、四方に広がって、はいつくばっているじゃないか」

「なにを！　きたない毛皮を着たけもののくせに！　まるで千年も洗ってないような色じゃねえか。そんなにぷりぷりと太って、いったい何ができるってんだ！」

「わしの足を見ろ、おまえのように、地面をはいつくばってはいないぞ」

「わしは、この足のおかげで水のなかを自由に泳ぐことができる。そして、このすばらしいしっぽでパチンとたたけば、大きなウシだって、ぽっくり気絶しちまうぜ」

二人は怒りくるい、自分の方がすぐれているのだと、主張し、どなり合った。ワニはそのあいだに、するすると水のなかを渡り川岸に近づき、イノシシはいつでも攻撃を始めることができるように、目を細めていた。そして、突然、ワニは、イノシシののどに喰らいつき、イノシシは、同時にワニの腹わたに喰らいついた。

こうして、二匹の強者はたたかいはじめ、同時に死んでしまった。そのたたかいといったら、まったくおそろしいもので、あたりじゅうに二匹の叫び声がこだましていたそうな。

このとき以来、イノシシとワニの子孫は仲が悪く、お互いに出会わないようにさけているのだそうだ。いまでも、イノシシが川に水を飲みにやってくると、ワニは遠くから、目を細めて、用心深くじっと見ているという。

犬とネズミ

むかしむかし、犬とネズミは、とても仲良しだった。おじいさんが、小さな孫をかわいがるように、犬はネズミのめんどうをよくみた。二匹が散歩に行くときは、歩調を合わせ、手と手をつないで、冗談を言い合って、仲良く一緒に出かけていたものだった。犬とネズミは、一番の仲良しといってもいいくらいで、神さまさえも、二匹の仲をうらやましくお思いになるほどだった。犬は、自分の体が大きいからといって、一度もそれを利用してネズミをおどかしたことはなかったし、いたずらもののネズミも、それまで、一度も犬をからかったりしたことはなかった。

ある日のこと、二匹が歩いているとき、一頭の立派な牛をみつけた。二匹は牛を追いかけ、やっつけて、皮をひんむいて、くんせいにした。それから、ネズミが犬に言った。

「犬どん、ほかのけものがやってきて盗んだりしないように、このくんせいにした肉を、高いところに干しておこうよ」

そう言うと、ネズミはマンゴーの木の高い枝にかけあがった。

「よしきた」

犬はこたえた。木登りの得意なネズミは、マンゴーの木のてっぺんに、ウシの肉を全部持ってあがってしまった。

しばらくして、犬はお腹がすいてきた。

「ネズミくん、おいらはお腹がぺこぺこだ。どうか、肉を一切れ、落としておくれ」

いたずらもののねずみは、とつぜん犬をからかいたくなった。そして、高いマンゴーの木の枝から犬を見おろして、笑って言った。

「やあ、犬どん。くいしんぼうだなぁ。においだけじゃ、足りないのかい?」

「そんないじわるなことを言わないで、はやいとこ一切れ、落としておくれよ」

犬は、ネズミに必死に頼んだ。

「犬どんは、まったくくいしんぼうだ。見るだけじゃ、足りないってのかい?」

ネズミは、マンゴーの枝から、犬が目をまっかにして、てっぺんをめがけてとびあがるようすを見て、腹をかかえてますます笑った。

「腹がへった、腹がへった！」

犬は、だんだん腹が立ってきた。でも、ネズミは、犬を高い枝から、からからばかりで、いっこうに、肉を落としてやろうとはしない。

「においをかぎたまえよ、犬どん。それじゃ、足りないってのかい？　くいしんぼうもい

いところだ」

犬は、マンゴーの枝に向かって何度も何度もとびあがって、肉をとろうとしたが、ちっともとどきはしない。

「ちくしょう、きたならしいネズミめ。おぼえておれよ。このかたきは必ずとるぞ」

犬は、最後に、あきらめて去っていくしかなかった。

こんなことがあったから、いまだに、犬はネズミを見るたびに、追いかけてとっちめてやろうとする。むかしのかたきが、まだとれていないからさ。ネズミを見るたびに、腹わたが煮えくりかえるし、腹がへったことも思い出す。だから、わたしも言うんだよ。あんまりいたずらもすぎると、最後にはひどい目にあうぞってな。

ネズミとネコ

これは、古いふるいマダガスカルの伝説です。むかしむかしのその昔、ネズミとネコは、たいへん仲良しでした。ネズミは、冗談好きで、考えなしのいたずらもので、ネコはどちらかというとおっとりしていました。

ある日のこと、ネズミがネコに言いました。

「ねえ、おいらはとってもいいことを知っているんだ。ネコどんはおいらの大事な友達で、かくしごとなんかひとつもない仲だから、ネコどんにだけは、教えてあげようかな」

「そりゃ、いったいどんなことだろう？　ネズミどんは物知りだから、おいらの知らないことをいっぱい知っているねぇ」

ネズミどんは得意になって続けました。

「それは、いいこともいいこと。ものすごい秘密だぜ。おいら

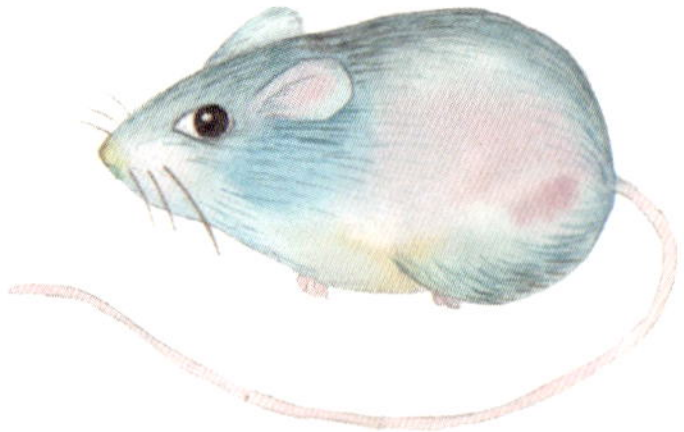

は、火の中にいても、熱くなったり、やけどをしたりしない呪文《じゅもん》を知っているんだ」
「そりゃあ、本当の話なんかね？ 火の中に入っても、熱くもなくやけどもしないなんて、うそのようだなぁ」ネコどんは言いました。
「それじゃあ、ネコどん、その呪文をちょっくらつかってみせてやるよ。火をおこすから、たきぎを集めて来てくれないか？」
ネコどんは、よしきたと、山にたきぎを集めに行きました。ネズミどんはネコどんがいないあいだに、地面に穴をほり、その穴が見えないように上からたきぎを重ねておきました。そしてネコどんが帰ってくると、ネコどんが集めてきたたきぎをさらに上に重ね、そして大きな火をおこしました。

「さあ、ネコどん、しっかり見ていておくれよ」

ネズミどんは、そうしてなにやら呪文をとなえると、火の中へ、勢いよくもぐりこんで行きました。ネズミどんは、先ほどこしらえたたきぎの下の穴へ身をかくし、しばらくしてから、まるで火の中から飛び出してきたように、ネコどんの前へ躍り出ました。

「どうだい、ネコどん。おいらの呪文の威力がわかったかい？」

ネコどんは、肝をつぶさんばかりに驚きました。火の中へとびこみ、しばらく火の中にいたはずのネズミどんが、やけどひとつ負わずに元気に飛び出してきたのですから。

「ネズミどん、どうかおいらにも、その秘密の呪文を教えておくれよ」

ネコどんは、熱心に頼みました。

「大切な友達のネコどんの頼みなら、ことわれないなぁ。それじゃあ、秘密の呪文をネコどんにだけは教えてあげよう」

ネズミどんは、もったいぶってネコどんに呪文を教えました。ネコどんは大喜び。

「さあ、ネズミどん。おいらも呪文を試してみよう。たきぎをたして、もっと火を大きくしてくれろ」

ネズミどんは、どんどん薪《まき》を火になげこみ、そのかんかんと燃えさかる火の中、ネコどんは大きな声で呪文をとなえると、火の中へまっしぐらに入って行きました。

「あっちっち。ネズミどん、呪文がおいらには効かないようだ。どうしてだろう？」

ネコどんは、きれいな毛皮をちりちりに焦がして、飛び出してきました。ネズミどんはそれを見て、腹をかかえて大笑い。

「ネコどんは、本当にばかだなぁ。火の中に入っても熱くならない呪文が本当にあると思うなんて。おいらがやけどをしなかったのは、さっき地面に穴を掘っていたからだよ」

「おのれ、このうすぎたないネズミめ。おいらをだましたな」

ネコどんはネズミどんに歯をむきました。ネズミどんは、ネコどんのするどい歯を見て、すっかり怖くなり、逃げだしました。

それ以来、ネコはネズミを追うようになったんだそうな。

カメレオンとバッタ

るところに、王さまがあった。王さまはとても豊かで、あらゆるものをもっていた。美しい御殿があり、庭があり、御殿の中にはたくさんの召使いや女官、執事や大臣がいた。王さまには、たったひとりの子どもがあった。それは女の子で、大切に大切に育てられていた。

さて、あるとき、この王さまの大切なひとり娘が病気になった。何の病気か、さっぱりわからないのに、高い熱が続き、村じゅうのものが心配した。それでも、病気はどんどん悪くなる一方で、どんなに手をつくしても、女の子はよくなる様子がまったくなかった。占い師がよばれ、占いをした。占いには、カメレオンにまじない師のところに行かせるように、とでた。

カメレオンは、王さまの大臣だった。さっそくカメレオンが王さまの前に呼ばれた。王さまは占いのことをカメレオンに話した。

「行ってきてくれるか？」

「お、お、おや、おやすいごよう」

そう言ってカメレオンは出かけたのだが、なにしろカメレオンだから、どんなに一生懸命に足をはやめても、何歩さきに進んだか、数えることができるくらいしか進まない。一歩、また一歩と、長いながい時間をかけて、やっとまじない師のところにたどりついた。

「も、も、もーうーし、もーうーし。お、お、おーう、おーうーさ、おーうーさーまのー……」

カメレオンは、そのうえ、どもりだったから、話すのにもたいへんに時間がかかった。

「どうしたのじゃ?」

まじない師はきいた。

カメレオンは、一生懸命に説明するのだが、カメレオンの舌ときたら、これまた人間の舌とは違うから、人間のことばで話すのもたいへん骨が折れることだった。

「あ、あ、あのーぅ。おう、おう、おーうーさー、おーうーさーまの、こ、こ、こど、こーどーもが、あ、あのぅ、し、しに、しーにーそぅ……」

まじない師は、たいへんに困った。そこにまじない師の息子が帰ってきて、カメレオンがしゃべっていることを、父に教えてやった。

「まじない師よ。われらの王がそちを召されたいと思われている。王のひとり娘が病気である。その子が生きのびることができるように、癒《いや》してもらいたい。でなければ、娘は死んでしまうかもしれない」

まじない師は、一目散に王さまのところに行き、王さまの御殿にたどりつくやいなや、娘の病気が治るようにと、まじないを始めた。こうして、王のひとり娘は、やっと命をとりとめた。

王さまはたいへんに喜んで、人々をあつめて言った。

「このたびは、カメレオン大臣の大手柄であった。ほうびになにかとらせなければなるまい。カメレオンよ、いったい何がのぞみじゃ?」

カメレオンは答えた。

「わ、わ、わーたーくしめは、と、と、とりのように、そ、そらをとぶもの、で、で、でも、と、とりよりも、ず、ずっとちいさくて、あ、あ、あまり、と、とおくに、と、と、とべないものを、て、て、てに、い、いれ、いれるのが、の、の、のぞ、のぞみで、ご、ございます」

こんなことがあったわけで、バッタはカメレオン

に食べられるようになった。カメレオンが、王さまの娘の病気を治すために、まじない師のところに行ったことが、それからずっとバッタがカメレオンに食べられるようになった、もともとのきっかけなんじゃ。王さまのひとり娘が、それで元気になったから、いつまでも、バッタはカメレオンに食べられる運命になっちまったんだとさ。

ヘビとカエル

ある日、ヘビとカエルが出会いました。

「よう、兄弟。どこにおでかけで？」

カエルが聞きました。

ヘビはぶっきらぼうに答えました。

「道をまっすぐ行くだけさ」

カエルはとても知りたがりやで、おしゃべりだったので、また聞きました。

「おまえはどうして、ときどき皮を脱ぐんだい？」

「それがおれのおしゃれなのさ」ヘビはうなって答えました。

「じゃあ、どうして怒っているみたいにしっぽをくねくねさせるんだい？」

カエルはさらに聞きました。

「どうして、おまえはちろちろと矢のように舌をのばすんだい？　どうして、年がら年中、腹を土に押しつけているんだい？　どうして、人を脅かすみたいに、頭をふりあげるんだい？」

ヘビはカエルの質問をたいへんにぶしつけで、礼儀知らずだと思いました。そして、カエルのほうをふりむいて言いました。

「じゃあ、おまえはどうなんだい？　どうして、おまえの目は、頭のてっぺんについているんだい？」

「だって、おれさまはカエルで、カエルは世界じゅうで一番きれいな生き物だからさ」カエルは答えました。

「じゃあ、どうして、おまえの口はそんなにばかでかいんだい？」

「だって、おれさまはいつも伝言をとどける役目をしているし、話すことも多いからね」

「おまえは、日がな一日いったいなにをしているんだい？」

「夜は歌を歌うよ。夜中には、『そこを

行くのはだれだい？』と呼びかけるし、朝には、『だれだい、だれだい？』と叫んでいるよ」

「おや、そうかい、そうかい！　それなら、おれがだれだかたっぷり教えてやろう！」

そう言うとヘビは大きな口をあけて、かわいそうなカエルを飲みこんでしまいました。

このときから、ヘビはカエルを追いかけ、食べるようになったのです。

人類のはじまり

いちばん最初の最初、神さまは二人の男と、ひとりの女をおつくりになりました。二人の男は、それぞれイマナオとイマナフィ、女はイマナンジャリという名前でした。この三人は地上に住んでいましたが、それぞれとても離れた土地に住んでいたので、お互いに会ったこともなければ、ほかの人間がこの世にいるなどとは、まったく知らずにおりました。

ある日のこと、イマナオはいつもいつも一人でいるのにすっかりあきてしまい、退屈まぎれに、等身大の女のひとを木に彫ってみようと思いたちました。イマナオは、ありったけのちからをそそぎこんで、木を彫り、女のひとの姿をつくりだしました。彫りあがった木の女の顔を、イマナオはとても美しいと思いました。毎日、見るたびに、その顔はますます美しくなるようでした。イマナオは、木の女に、朝昼晩、語りかけました。そして、離れられないくらい、いとおしく思うようになりました。木の女のおかげで、ひとりのさみしさも、まぎれるようでした。イマナオは、毎日、のら仕事の合間でもよく見えるようにと、木の女を、お日さまとお月さまの光が、十分にあたる道のわきに置いておきました。

木の女は、お日さまの光のなかで、きらきらと輝くような美しさでした。その木の女を、ちょうど山を歩きまわっていたイマナフィが見つけました。イマナフィは、木の女の美しさに、深く心をうたれました。そして、イマナフィは、木の女が裸なのを、とてもかわいそうに思い、輝く体を、金の絹や、色とりどりの宝石で美しく飾りたててやりました。


そのあと、少しして、こんどはイマナンジャリが、この木の女の前を通りかかりました。イマナンジャリは、夫も子どももなく、ひとりぼっちなことが、いつもさみしくてしかたありませんでした。そのさみしさをまぎらわせるために、山を越え、谷を越え、ひとりでさまよっていました。そんなイマナンジャリでしたから、道ばたで、美しい衣装をまとって、ほほえみを浮かべて立っている木の女を見つけたときは、自分の願いが神さまにとどいたのだと、すっかり信じこみました。イマナンジャリは、涙を流しながら、膝をついて、この美しい木の女に命を宿らせてほしいと、神さまに必死に願いました。もし神さまが、この木の女に命を宿らせてくれたら、この子を自分の子どものように、いつくしみ、大切にすると、イマナンジャリは、約束しました。

神さまは、イマナンジャリの一生懸命な願いに、お心をおうたれになりました。そして、イマナンジャリに、もし、願いをかなえてほしければ、一晩、その木の女を抱いて、一緒に寝なくてはいけない、とおっしゃいました。夜がくると、イマナンジャリは、木の女を胸に抱き、自分の子どもをいつくしむように、やさしく、その体をなでながら、やすみました。

朝がきて、イマナンジャリは目を覚ましました。イマナンジャリが抱いて寝た木の女は、神さまのおっしゃったように、美しい女の子に変身していました。イマナンジャリの驚きと喜びといったら、ことばにはつくせないほどでした。イマナンジャリは、神さまに感謝のお祈りをささげました。ちょうどそのとき、イマナオと、イマナフィが帰ってきました。二人とも、美しい女の子を見て、びっくりして口もきけないほどでしたが、我にかえるとそれぞれが、女の子は自分のものだと言い張りました。

イマナンジャリは、びっくりして、神さまをよんで、もめごとをおさめてください、とお願いしました。神さまは、地上に降りてきて、おっしゃいました。

「イマナオは、女の子の父親になるがよかろう。なぜなら、イマナオが、まず最初に、木を彫り、女の子の姿をつくったからじゃ。

イマナンジャリは、母親になるがよかろう。なぜなら、イマナンジャリが、その体を胸に抱き、暖め、命を授けたからじゃ。

イマナフィは、女の子を愛し、美しいきも

のと宝石で飾ってやった。だから、イマナフィは、女の子をめとるがよかろう」

みんなは、神さまのおっしゃったことに、満足しました。そして、イマナオと、イマナンジャリは夫婦になりました。もちろん、神さまはそれをお喜びになりました。

この二組の夫婦が、いま地上にいるすべての人間のはじまりなんですよ。

それからというもの、神さまのご命令にしたがって、男は女にきものをおくるようになったのです。そして、夫がこの大切な義務をないがしろにして、神さまのおっしゃるように自分のつとめを果たさなかったときは、女は、いつでも、ふたたび自由の身になることができるのです。そして、アナファリ族とアンタンドロイ族は、こんなわけでご先祖様のために、美しいアロアロを彫る才能をもちつづけているのです。

（注　アロアロ……墓に建てる木の彫刻）

死のはじまり

むかしむかしのこと、神さまは自然界のありとあらゆるものをおつくりになりました。でも、人間だけは、まだおつくりになってはいませんでした。ただひとり、ヴァヴァという女の子だけがいました。ヴァヴァは、泥で人形をつくるのが好きでした。ヴァヴァは、しばしば、泥で人形を作って過ごしたので、その数はとてもたくさんになっていました。

ある日のこと、神さまが通りかかり、ヴァヴァのつくった泥の人形を、たいへんお気に召されました。神さまは、「ちょっと待つがいい」とおっしゃると、ヴァヴァのつくった泥の人形に、ふうっと息を吹きかけました。「それを、ヴェロと呼びなさい。ヴェロは命をもったのだよ」

ヴェロはどんどん、増えていきました。なぜなら、ヴェロは死ななかったからです。ヴァヴァの大地の様子は、どんどん変わっていきました。ヴェロは、とてもよく働いたので、

畑はよく耕され、収穫も増え、ヴァヴァはどんどん豊かになりました。

ある日のこと、神さまが、高い高い山の上から大地を見おろされました。そして、ヴァヴァの大地がとても豊かになっているのを見て、たいへんに驚かれました。神さまは、ヴァヴァを自分の御殿におよびになり、ヴァヴァのつくった人間の半分を、神さまにさしだすようにおっしゃいました。ヴァヴァは言いました。

「神さま、ヴェロはすべて、わたしのものです。なぜなら、わたしがつくったものだからです。ヴェロは、すべてわたしの王国のもの。わたしはヴェロとは、どうしても離れることはできません。神さまといえども、わたしのヴェロをさしだすわけにはまいりません」

神さまは、ヴァヴァのことばをきき、たいへんにお怒りになられました。そしておっしゃいました。「わしが人間に命をふきこんでやったのに、さしだせないというのか。それでは人間の命は限りのあるものにする」

人間は、こうして死ぬと土にかえることになりました。このときから、人間の命は限りあるものになったのだそうです。


（注　ヴァヴァ……大地という意　ヴェロ……人間）

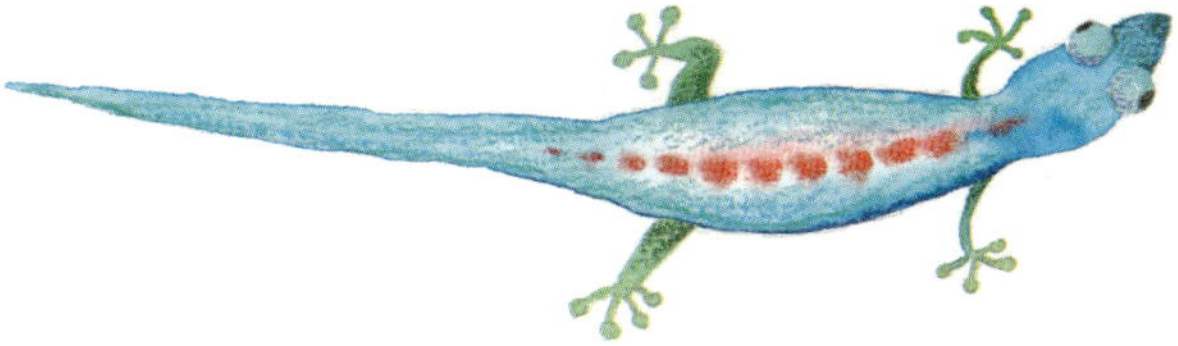

米のはじまり

あるところに、おんなの人がいて、そのおんなの人には、ラヒィという名のぼうやがありました。

ある日、かあちゃんはラヒィぼうやを連れて、川へ行きました。そして、川で洗濯をしているあいだ、ラヒィぼうやに、川辺で、ひとりで遊んでいるように言いました。ラヒィぼうやは、小さな虫をみつけて、かあちゃんに言いました。

「かあちゃん、この小鳥みたいに高くお空をとんで、牛みたいな大きな鳴き声を出すものはいったいいなあに？」

「たぶん、バッタだよ」

「おいらにとってちょうだいよ」

かあちゃんは、息子にバッタを採ってやりました。ラヒィぼうやは、かあちゃんが仕事をしているあいだ、バッタと一緒に遊びました。かあちゃんが、仕事を終えて、ラヒィぼうやを迎えにくると、ぼうやはしくしく泣いている最中でした。

Nat.

「ぼうや、どうしたんだい？」

「バッタがいなくなっちまったんだよう」

かあちゃんは、バッタをさがしましたが、バッタはもうピョンピョンはねてどこかにいってしまっていました。ラヒィぼうやは、あんまり悲しくて、病気になって、死んでしまいました。かあちゃんはぼうやが死んでしまって、とても悲しみました。そして、その悲しみは神さまにまでとどきました。神さまは、かあちゃんをたいへんかわいそうに思い、ぼうやを沼地に深くほうむるように言いました。

一か月がたって、ぼうやをほうむった沼地に小さな青い芽が出てきました。その芽はどんどん大きくなり、先に花がさき、そして小さな実がたくさんなりました。その実が色づくと、小鳥がついばみにやってきました。神さまはかあちゃんに言いました。

「その穀物を刈りとるがいい。そして穂をとって、炊《た》いて食べるがいい。ラヒィぼうやは米になったのだから」

このときから、人々はお米のことをバリラヒィと呼ぶようになり、いまでもそう呼ばれているということです。


（注　ラヒィとは男性という意味がある。バリラヒィとは、マダガスカル産の米の一種）

巨人、ラペト

むかしむかしのこと、ラペトという大きな大きな男がおったそうな。ラペトの大きさといったら、古今東西、くらべるものがなかった。その背たけは、月までとどくほど。足をのばせば、数歩でマダガスカル島をよこぎることができた、といわれている。

あるとき、ラペトは、空をゆったり流れる、まっ白い雲をうっとり眺めていた。にょっきりとつきたっているラペトの右足をみつけた村びとたちは、てっきり大きな木の幹だと思いこみ、みんなでありったけの力を合わせて、斧《おの》で切り倒しにかかった。大きな木の株からは、血が流れ始めたが、人々はそれを木汁だと思っていた。

ラペトは空を見上げながら、右足になにかつきささるようなものを感じた。あんまり雲にうっとりみいっていたので、蚊がさしたのだろう、くらいにしか思っていなかった。

数時間後、大きな木は切り倒された。巨人、ラペトは、ものすごい地ひびきをたてて、ばったり倒れた。その音は、西アフリカまでとどいたといわれている。そのときから、今にいたるまで、ラペトの右足があった場所は、アムボヒドラペト、マダガスカル語で「ラペトの村」と呼ばれているそうな。

マダガスカルのことわざ

◆
「よその人のうちの唐辛子はからい」

◆
「友情をちょっと失うよりも、お金をちょっと失ったほうがいい」

◆
「ワニを歓迎するとき、それは友情からではなく、卑屈さから」

◆
「痛みはだいじな宝物。痛みを感じるのは、大切なものがあるときだけだから」

◆
「若い女房をすてるものは、実は人に喜びを与えている」

◆「言葉は、銃よりも遠くにひびく」

◆「悲しみは、屋根裏の米に似ている。毎日、少しずつ減っていく」

◆「友情は、ラフィアヤシで作った新しい布と同じ。最初はごわごわしているけれど、使いこむほどに、しなやかでつややかになる」

◆「友情は乾いたバナナの葉のよう。引っぱりすぎるとちぎれ、ゆるめすぎると繊維がはなれてばらばらになる」

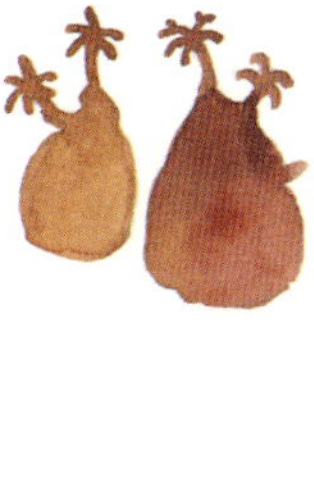

◆「分別のある言葉はサトウキビのよう。その味わいは、いくらなめてもつきることがない」

◆「川は大勢で渡れ、そうすればワニに食べられない」

◆「七人の子どもをもっても、夫をつなぎとめることはできないが、賢明さをもってならできる」

◆「小鳥はわなを忘れることができるが、わなは小鳥を忘れない」

◆「綱は水牛の角をつなぐために作られる。言葉は賢人の魂をよみがえらせるためにある」

◆「大地は巨大な鍋、そして人間は肉」

◆「人間は乾燥していない、濡れているものだ。人間は肉と血でできている。人間は、元来弱いものだ」

コモロ諸島のおはなし

友情

ある村に、とても裕福な王さまがいました。王さまには、ひとりの王子がありました。王さまは、このひとり息子を、大切に大切に育てていました。

王さまの御殿は、とても広くて立派で、まわりにはありとあらゆる植物が植えられている、美しい庭がありました。この御殿は、まわりをぐるりと白くて高い塀に囲まれていました。王子は、生まれてから一度も、この白い塀の外へ出たことがありませんでした。王子は、ほかの村の子どもたちのように、学校に行ったりせず、御殿に毎日やってくる、それぞれの専門をきわめた先生と勉強をしていたからです。

ある日のこと、王子が庭でひとりで遊んでいると、先生のひとりが、見かけない男と笑顔で話しながら、庭を歩いているのが見えました。二人はとても楽しそうでした。先生は、王子に気がつくと、ていねいにあいさつをしました。王子はていねいにあいさつを返して、聞きました。

「一緒に歩いているその人は、先生の兄弟ですか？」

先生は、答えました。

「いいえ、王子さま。このものは、わたしの親友です」

王子は、一人で遊ぶのには、もうあきあきしていましたから、二人の楽しそうな姿を見て、とてもうらやましく思いました。王子は、すぐにおばあさまの部屋に走っていき、聞きました。

「おばあさま、親友ってなに？」

おばあさまは、びっくりして言いました。

「親友、というのは、おまえのことが大好きで、そして、どんなときも信頼できる人のことだよ。本当の親友は、兄弟よりも強いきずなで結ばれるものなんだよ」

王子は、今度は王さまのところに走っていきました。

「おとうさま、どうか『親友』をわたしに買ってください」

王さまは、驚いて言いました。

「息子よ、親友というのは、どんなにわしが金持ちでも、おまえに買ってやることはできない。それはどんなにお金を積んでも買えるものではないからじゃ。親友というのは、自分で見つけるものなのだ」

王子は泣きだしました。

「それでは、どこで見つけられるのか、教えてください」

王さまは、泣きながら訴える王子をかわいそうに思いました。そして、長いあいだ考えて、それから言いました。

「それでは、あした、御殿の外へ、ひとりで町へ出ることを許してやろう。そして自分の親友を、自分で探すがいい」

翌日の朝、王子はさっそく、町に出ていきました。静かな御殿の中とは違って、町の通りにはいろんな人が忙しそうに行きかい、市場は売り子の大きな声でとてもにぎやかでした。どんどん通りをまっすぐ進んでいくと、大きな町の中心の広場にやってきました。そこでは、何人かの子どもが一緒に遊んでいました。王子は、その遊びを知っていたので、ほかの子どもたちとしばらく一緒に遊びました。そのなかに、王子と同じように、立派な身なりの子どもがいました。その子どもは、王子と同じような立派な家の子どもでした。

「ぼくは親友を探しているんだ。きみ、ぼくの親友になってくれないかい？」

王子が聞くと、スレという名のその少年は、承知しました。

王子は、大喜びでスレを御殿に連れて帰ると、王さまに紹介しました。王さまは、スレを昼ごはんに招きました。王さまは、王子とスレを、二人きりに残し、おいしそうに炊き上がったご飯と、三切れの肉を給仕させました。王子とスレが、一切れずつ肉をとりわけ、食べ終わると、一切れ肉が残りました。

「きみはお腹がすいているんだろう？　食べたらいいよ」

王子は、すすめました。

「いいや、きみが食べたらいいよ。きみのうちなんだから」

「いいや、きみはお客さんなんだから、どうか食べてくれたまえよ」王子は、何度も強くすすめました。王子に強く言われて、スレはとうとう最後の肉を自分の皿にとり、食べました。

食事が終わり、王さまが聞きました。

「三切れの肉は、どうやって分けたのか?」

「わたしとスレがひとつずつ、最後の一切れは、わたしが何度もすすめたので、スレが食べました」

王さまは、それを聞いて言いました。

「王子よ、明日、もう一度、御殿の外に出て、ほかの友だちを探してきなさい。スレという少年は、おまえの本当の親友ではないからね」

王子はそれを聞いて、驚き、がっかりしましたが、王さまに言われたようにするしかありませんでした。

翌日の朝、再び、王子は、親友を探しに町に出ました。太陽の光がさわやかな、美しい朝でした。町は、昨日と同じように、たくさんの人が行きかい、とてもにぎやかでした。色とりどりの商品が市にならび、王子はすっかり感心したり、みとれたりして歩いていると、どん、と同じ年くらいの少年にぶつかってしまいました。王子は、あやまり、そして、少年の名前をききました。ハリファという名のこの少年は、とても裕福な商人の子どもでした。王子は、ハリファに、自分が親友を探していることを言い、自分の親友になってくれるように頼みました。ハリファは、承諾しました。

王子は、喜んで、ハリファを御殿に連れて帰りました。

「お父さま、わたしの親友のハリファです」

王さまは、昨日と同じように、ハリファを昼ごはんに招きました。王さまは、二人きりで、同じ部屋に残し、食事をさせました。食後には、三本のバナナがありました。王子とハリファは、一本ずつバナナを食べましたが、最後に一本残りました。

「きみがとりたまえ」

王子は、ハリファに強くすすめました。ハリファは、最初遠慮をしていましたが、あまり王子が強くすすめるので、結局最後

に残ったバナナを食べました。

ハリファが帰ると、王さまは王子を呼んで、どうやって三本のバナナを分けたのか、ききました。

「わたしとハリファが一本ずつ。最後に一本余ったので、わたしがハリファに食べるように、とすすめました。ハリファは最初、遠慮していましたけれど、わたしが何度もすすめたので、最後の一本を食べました」

王さまはそれを聞き終えると、言いました。

「王子よ。明日の朝、もう一度、町に出て、友だちを探してくるのだ。なぜなら、このハリファという少年は、おまえの親友にはならぬだろうから」

王子は、再びがっかりしました。親友というのは、実際、なかなか見つからないものらしい、と王子は思いました。

翌日の朝、王子は早くに目を覚まし、御殿を出ました。そして、町の一番にぎやかな広場を通り過ぎ、どんどんどん進みました。そしてうちがまばらになる町のはしっこまでやってきました。太陽がのぼり、正午が近づいてきて、通りには、人の姿もまばらです。王子は、町の端まで行くと、がっかりして、来た道をひきかえそうとしました。そのとき、王子と同じくらいの年の少年が、歩いてくるのが見えました。少年は、飾り気のない服を着ており、貧しそうでした。王子は、声をかけました。

「きみの名前は、なんていうの？」

「ハリッドだよ」

「ハリッド、ぼくの友だちになってくれないかい?」

「ぼくが、きみの友だちにだって? ぼくはとても貧しいうちに住んでいるんだ。きみの友だちにはなれないよ」

でも、王子が何度も何度も言うので、とうとうハリッドは、根負けして、友だちになることを承諾しました。

王子は、大喜びでハリッドを御殿に連れて帰りました。そして、王さまに紹介しました。王さまは、二人を昼ごはんの用意のできた部屋に連れていき、二人きりで、食事をさせました。昼食には、三つのたまごがありました。王子とハリッドは、それぞれひとつずつ食べると、ひとつ、たまごが残りました。

「ハリッド、きみはぼくのお客だから、最後のたまごはきみが食べたまえ」

王子は、言いました。

「いやいや、ぼくより、きみが食べたまえ」

二人は、しばらくゆずりあいました。とうとうハリッドは、最後のたまごを取りあげ、小刀でまっぷたつに切りました。

「さあ、半分ずつにしよう」

王子とハリッドは、半分にしたたまごを、それぞれ食べました。

食事が終わると、王さまがやってきて王子に聞きました。

「三つのたまごは、どうやって食べたのかね？」

王子が答えました。

「最初にひとつずつとり、最後に残ったたまごは、ハリッドが二つにきれいに割りました。そして、それを一緒に食べました」

王さまは、満足そうにうなずきました。

「そうかそうか、それはよい分け方をした。王子よ、そのものを大切に自分のそばにおいておくがいい。彼こそは、おまえが信頼することができ、わかちあうことのできる友人だから」

翌日、王さまは、みずからハリッドの貧しい家まで出かけ、ハリッドのお父さんに、二人を御殿で一緒に育てたいと、願いました。ハリッドのお父さんは、びっくりしながらも、喜んで承知しました。王子は、大きくなると、王さまになり、ハリッドは、王さまの信頼できる大臣になりました。二人は、一生涯、親友として信頼し合ったということです。

イブナスゥイヤと金持ち

むかしある小さな村に、イブナスゥイヤという名の貧しい若者がいました。イブナスゥイヤは、親もいなければ兄弟もおらず、この広い世界にたった一人ぼっちで、もっているものといったら、おつむの知恵くらいでした。

　ある日のこと、村の金持ちのあきんどがイブナスゥイヤを呼びとめました。

「若い衆、もし奉公さきを探しているのなら、わしのうちに住んで、こまごまとした仕事をしてくれないか？　森に行って薪《まき》を拾ったり、料理をしたり、なに、簡単な仕事だよ」

　イブナスゥイヤは、これといってあてもなかったので、喜んでひきうけることにしました。しかし、うちに住み込んで働くうちに、この金持ちのあきんどが、たいへん腹黒い人間だということがわかってきました。あきんどは、朝から晩まで、イブナスゥイヤに休みなく仕事を与え、それでいてイブナスゥイヤの食べるものといったら、ほんのぽっちりで、イブナスゥイヤはぺこぺこのお腹をかかえて、働くしかなかったのです。あきんどのうちを出ても、これといってあてもなかったので、イブナスゥイヤは我慢して、働き続けました。

そんな日々が続いたある日のこと、イブナスゥイヤは夜中に目を覚まし、用をたしに厠《かわや》にでました。夜空にいっぱいの星を眺めながら、イブナスゥイヤはひとりごとを言いました。

「ああ、いまおれに四百九十五フランあったらいいのに。神さまがおれの願いを聞き入れてくれたらいいのになあ……」

ところが、そのひとりごとをものかげでこっそり聞いていたものがいました。家の主人の金持ちのあきんどでした。あきんどは、イブナスゥイヤをからかってやろうと、うちの中に戻るとテーブルの上に、イブナスゥイヤが口にした金額をそっくり、一フランもたがわずに、のせておきました。

厠から戻ってきたイブナスゥイヤは、テーブルの上に自分がつい先ほど言った金額がそっくりあるのを見て、びっくりしました。でも、イブナスゥイヤは頭がよかったので、あきんどがイブナスゥイヤをからかおうとして、テーブルの上にお金を置いておいたのだ、ということをすぐに見やぶりました。イブナスゥイヤは、そんなことはまったくおくびにも出さずに、天の神に感謝の祈りを捧げ、そのお金をポケットに入れようとしました。ちょうどそのとき、あきんどが柱の影からとびだして、言いました。

「わしの金を返せ！」

「なぜ、あんたに返すんだ？　これは天の神がおれにくれた金だ」

「おまえは、本当にばかだなあ。その金は、わしがおまえのひとりごとを聞いて、からかってやろうとテーブルにのせておいたものだよ」

イブナスゥイヤは、ちっとも負けずに言い返しました。

「ああ、あんたは、これが自分の金だと、どうしても言いはるんだな。おれはそんなうそは信じないぞ。そんなに言いはるんなら、裁判官のところに行こうじゃないか。上着とロバをとってきな」

あきんどはすぐさま承知して、上着を着て、ロバにのり、イブナスゥイヤと裁判官に会いに行きました。裁判官の前で、イブナスゥイヤは言いました。

「裁判官さま、おれは天の神に、四百九十五フランをくださるように、お願いしたのでございます。そうしたら、天の神はおれの願いをかなえてくださったんでございます。それなのに、この男ときたら、おれに天の神がくださった贈りものを、おれから奪おうというのでございます。この男は、その上着だって、自分のものだと言いはるに違いないです」

　びっくりしたあきんどは言いました。

「おまえは、この上着もわしのものじゃないと言うのか？」

「ほれ、裁判官さま、お聞きになりましたか？　こいつは今度は、おれの靴だって自分のものだ、女房も自分のものだ、うちも自分のものだ、と言いはるに違いないです」イブナスゥイヤは言いました。

「もちろん、全部、わしのものに決まっている！」あきんどは叫びました。

　裁判官は二人のやりとりを聞いて、おっしゃいました。

「この男はまったくきちがいに違いない。イブナスゥイヤの言うとおりだ。おまえは大うそつきだ。おまえはなにも持っていないのに、金持ちのふりをして、ひとの持ちものをよこどりしようとしているのだ」

　こうして裁判官の命令で、あきんどは身ぐるみはがされて、町からほうりだされました。イブナスゥイヤはあきんどの奥さまと結婚し、あきんどの財産をすべて自分のものにしましたとさ。

イブナスゥイヤと小船

ある海辺に、イブナスゥイヤという男が住んでいました。イブナスゥイヤは、そこで大きな木を切り、幹をくりぬいて、小船を作りました。そして、毎朝、イブナスゥイヤは、その船で、海にこぎいで、たくさんの魚を釣っていました。海の上では、毎日、何人もの漁師が同じように魚を採っていました。漁師たちは、イブナスゥイヤとはいい友達でした。

ある日のこと、一人の漁師がイブナスゥイヤの住んでいる小さな小屋にやってきました。

「やあ、イブナスゥイヤ」

「やあ、おまえさんか。おかみさんは元気かね」

イブナスゥイヤは聞きました。

「ああ、おかげさまで」

「子供たちは、どうかね？」

「元気だよ」

「おっかさんは、どんな具合かね」

「おかげさまで、なんとか」

「おとっつぁんは？」

「かわらずさ」

「兄弟たちは、どうだい？」

「まああさ」

イブナスゥイヤは、家族の様子を聞きました。そうして、ひととおり、家族のことを聞き終わると、

「おまえさんのうちの、ネコはどうだい？」

「元気だよ」

「母ネコは？」

「元気さ」

「新しい服の着心地はどうだい？」

「まあまあさ」

長く話していると、イブナスゥイヤはお腹がすいたので、料理を始めました。ヤシの実を入れたキャッサバの葉、それに釣ってきた魚を炊《た》きました。漁師のうちのようすを聞いているうちに、魚がいい具合に炊きあがって、あたりにむらさきの焚《た》き火の煙とともに、魚のいいにおいが立ちこめてきました。イブナスゥイヤは聞きました。

「どうだい、おまえさんも、一緒に食べていかないかね？」

　漁師は喜んでイブナスゥイヤとごはんを食べることにしました。二人がバナナの葉にのせたごはんを食べていると、もう一人、イブナスゥイヤが海で出会う漁師がやってきました。

「やあ、おまえさんかい」

「やあ、イブナスゥイヤ」

「お嫁さんの様子はどうだい？」

「うちの女房？　女房も、子供も、おふくろも、おやじも、兄弟も、姉妹も、ネコも、新しい服の様子も上々だよ」

「ああ、それはよかった。ここへきて、一緒に食事をしていかないかい？」

「そりゃ、ありがたいが、ゆっくりはできないんだ。ちょいとおまえさんの小船を貸してくれないかね？　今日の夕方、どうしても必要なんだ。俺のはちょっとこわれていて、直さなくちゃ、海に

出られないんだよ」

イブナスゥイヤは、それを聞くと、

「ああ、もちろん。わしは、今日の夕方は海に出ないから。そら、わしの小船が停めてあるところは、よく知っているだろう？」

「ああ、それはありがたい。イブナスゥイヤ、心から感謝するよ」

「おやすいごようさ。アッラーに守られて、たくさん魚がとれますように」

漁師は、何度もイブナスゥイヤに礼を言って、立ち去りました。それを見ていた最初の漁師は、イブナスゥイヤにくってかかりました。

「おれだって本当はおまえさんの小船を借りたくて、今日はここに来たんだ。おれのほうが先だったのに、後から来たやつに貸してやるなんて、ひどいじゃないか！」

イブナスゥイヤは、最初に来た漁師の肩に手をおいて、こう言いました。

「いや、おまえさんは、ここに家族の様子を聞かれて答え、そしてめしを食いにきたんだよ。おまえさんは、わしの質問に答え、それから、めしを一緒に食った。でも、二番目に来た漁師は、ここにやってきて、まっすぐにわしに小船を貸してくれと頼んだ。二番目に来た漁師は、自分のほしいものをちゃんと頼み、それを受けとったのさ。それぞれ、当然受けとるべきものを受けとっただけさ」

先に来た漁師は、それでもぷんぷんとおこりながら立ち去りました。イブナスゥイヤはひとりで、ゆっくりごはんを食べ終わり、静かなヤシの木のかげでやすみました。ヤシの葉からきらきらと太陽の光がもれる、美しい午後でした。

119　イブナスゥイヤと小船

三つの知恵

あるところに、若い男がありました。この男はとても貧乏で、もっているものといったら元気な体くらいでした。この若い男は、ある日、運だめしをしようと、生まれたうちを出て、三つの皮袋に入れた水を持って、旅に出ることにしました。

男が旅に出たのは、ちょうど暑さがきびしいころでした。大地はからからで、太陽がぎらぎらと照りつけていました。そんなある日の午後、どんどん歩き続けると、のどがかわいてきました。男は立ちどまって太陽を見あげ、木の根元にある石の上に腰を下ろしました。それから、袋の中から水の入った皮袋を取り出して、ちょうどひもをときはじめたとき、ひとりの老人が現れました。

「お若いの。その水をわしにくれんかね。のどがかわいて、カラカラなんじゃ。その代わり、おまえにひとつ知恵をくれてやろう」

男はちょっと考えましたが、水の入った皮袋を老人にさしだしました。老人はそれを手にとって言いました。

「ありがとう、それではこれがおまえに授ける知恵じゃ。『小さなものでも、大きなものを生み出すことができる』というものじゃ」

そう言うと老人はどこへともなく去ってしまいました。男は老人の言ったことの意味がさっぱりわからず、大切な水を、こんな言葉ととりかえたのを少し後悔しました。でも、またきっと役に立つこともあるだろう、と考えなおし、その言葉を覚えて、また立ち上がり、太陽の照りつける荒野を歩きはじめました。

しばらく歩くと、もう我慢できないほど、のどがかわいてきました。男はまた背中に背負っていた袋をおろすと、水の入った二つ目の皮袋を取り出しました。するとまたどこからともなく一人の老人が現れました。

「お若いの。その水の入った皮袋をこの老人にくれんかね。代わりに、ひとつ知恵をくれてやろう」

「でも……」

男は口ごもりましたが、少し考え、そして黙って水の入った皮袋を老人に渡しました。

『誰かに信頼されたなら、その信頼を決して裏切ってはならない』」

老人はそれだけ言うと、皮袋を持ってどこかへ行ってしまいました。二つ目の知恵も、なんだかよくわからないような言葉だったので、男は少しがっかりしました。でも、しかたがない、と思いながら三つ目の皮袋を取り出しました。すると、また似たような三番目の老人が、どこからともなく現れました。

「お若いの、その水をわしにおくれ。その代わり、おまえに知恵を授けてやろう」

男は、やっぱり考えましたが、老人に黙って皮袋を渡しました。

「覚えておくがいい。『ゆっくりしろ、と言われたら、ゆっくりすること』じゃ」

そう言うと老人は、どこへともなく去っていきました。

男は最後の水が、またもやそんなわけもわからない言葉にかわってしまったので、自分に少し腹が立ちましたが、ちからをふりしぼって立ち上がると、また歩きはじめました。

空腹とのどのかわきを我慢し、長いあいだ、歩きに歩いて、男はやっとある村にたどり着きました。そこで男は、小さなうちの前に立っているおばあさんを見つけました。おばあさんは、男に水をわけてやり、言いました。

「お若いの。ちょっとここにとどまって、わたしのために働いてくれんかね。手紙を書く仕事を、してもらいたいんじゃ。その代わりに、おまえにトウモロコシの粒をひとつぶやろう」

トウモロコシの粒をひとつぶ！　男はばかにされているのかと思いましたが、最初の老人が授けてくれた知恵、『小さいものでも、大きいものを生み出すことができる』ということばを思い出しました。そこで、男はそのおばあさんのうちにとどまって、書記として働くことにしました。

男がおばあさんのうちで働きはじめて、しばらくたったある朝、立派な身なりの男たちが、おばあさんのうちにやってきて、男に言いました。

「王さまからおまえにお城に来るようにとの命令だ！」

お城で王さまは男をもてなしながら言いました。

「最近、おまえが書いたという手紙を受けとったのだが、なかなかよい文章である。わしのところで働く気はないかね」

男は喜んでその申し出を受けました。そして、王さまのところで書記として働くことになりました。男はたいへんまじめに働いたので、じきに王さまの信頼を得ることになりました。

王さまに仕えてしばらくたつと、狩りの季節がやってきました。王さまは、狩りに出るために三日間、お城を留守にすることになりました。

「友よ」

王さまは、男に言いました。

「わしは狩りにたたねばならない。留守のあいだ、城と姫を守ってくれ」

王さまがたったのちのある晩、男が寝ていると、だれかが男の部屋の戸をたたきました。男が戸を開けてみると、そこには姫が立っていました。姫はすっぱだかで、その肌はよいかおりの香がたきこめられ、かぐわしくにおっていました。姫は言いました。

「そなたのかしこさと美しさには、前からひかれていたのです。どうか、わたしの夫になってください」

男はびっくりするやら、嬉しいやらで、さっそく姫を腕に抱こうとしました。しかし、そのとき、二番目の老人が授けてくれた知恵、『人の信頼を裏切るな』という言葉を思い出しました。そして、姫に言いました。

「姫さま、あなたは世界で一番、美しいかたです。でも、王さまの信頼にそむいてしまうわけにはいきません。どうか着物をきて、ご自分のお部屋にお帰りくださいませ」

男に断られ、姫はすっかり傷ついて、恥ずかしさにまっ赤になりながら自分の部屋にかけこんでいきました。

数日後、王さまが城に帰ってくると、姫は泣きながら王さまにこう言いました。

「お父さま、ああ、ごらん下さい、わたくしの顔のこの傷を！　お父さまが狩りに出かけた後、お父さまがすっかり信頼していらっしゃるあの書記めが、わたくしを自分のものにしようとしたのです。わたくしがぴしゃりと断りますと、わたくしをたたき、傷つけたのでございます」

王さまは、男にすっかり裏切られたような気持ちになり、そしてお怒りになりました。娘をはずかしめようとした男を生かしてはおけない、とも思いました。王さまは、三人の兵士を呼んで、秘密の仕事を言い渡しました。

「村の外に出て、大きくて深い穴を掘るのじゃ。そして、一時間後、男が馬に乗って村を出て行くであろうから、その男をつかまえて、その穴に生きたまま埋めてしまえ」

王さまは、男を呼ぶと言いました。

「友よ。ちょっと村の外まで行って、兵士たちが働いているかどうか見てきてくれないか」

男は言われたとおり、すぐに馬に乗って、お城を飛び出していきました。この様子をこっそり見聞きしていた大臣は、踊り上って喜びました。大臣は、王様が自分よりも書記を頼りにするようになったので、嫉妬していたのです。

城から出て、かなり行ったところで、男はのどがかわいてきたので、小さなうちの前でとまって、水を頼みました。すると、家の主のばあさんが言いました。

「お若いの、おまえさまはどうも顔色がよくないよ。疲れているように見える。うちで、すこしゆっくりと休んでいくがいい」

男がその申し出を断ろうとしたとき、三番目の老人が言った言葉を思い出しました。

『ゆっくりしろ、と言われたら、ゆっくりすることだ』

男は、素直に礼を言って、馬をおりると、ばあさんが敷いてくれたござの上に体をよこたえ、寝入ってしまいました。

そのころ、お城では大臣が、男が死んだという知らせを、いまかいまかと待ちのぞんでいました。すっかり待ちくたびれた大臣は、自分の目で確かめてやろうと、馬にとび乗って城を飛び出していきました。村の外へ出て行くと、待ちかねていた三人の兵士は大臣をつかまえると、命令どおり生きたまま穴の中へ埋めてしまいました。

王さまの命令を聞いた姫は、ちょっとこらしめてやろうと思っていただけのことが、たいへんなことになったのを知って、びっくりし、うそをついたことを後悔していました。

姫は王さまのところへ行くと、すべて本当のことを打ち明けました。王さまは驚きました。

「なんと！　それは本当か？　でも、もう遅すぎる。兵士たちは、今ごろあのまじめで、忠実な書記を埋めてしまっているだろう……」

そう王さまが言ったちょうどそのとき、眠りから覚めた男が馬に乗ってお城に帰ってきました。

「王さま、王さまの言われたとおり村の外に行って見ましたが、誰もおりませんでした」

王さまは、男が無事に帰ってきたのを見るとすっかり喜びました。喜んだ王さまは、男を大臣にし、娘を嫁にやることにしました。こうして、みんなで立派な宴《うたげ》をし、飲んだり食べたりした、ということです。

イブナスゥイヤとジェンベたたきの老人

あるところにイブナスゥイヤという男がいました。あるとき、イブナスゥイヤは騒がしい町の生活がすっかりいやになり、町を出て、植物と動物のなかで、静かに生活することに決めました。イブナスゥイヤは、身のまわりのものを集めて袋に入れ、肩にかつぐと、森に入りました。そして、大きなバオバブの木を見つけると、枝の上に家をつくり、そこで暮らすことにしました。

イブナスゥイヤがバオバブの木の上に家を作った夜は、空いっぱいに星のきらめく美しい夜でした。イブナスゥイヤが、「さあ、これで心静かにゆっくり休むことができるぞ」と、目をとじて眠ろうとしたとき、ドンドンと騒がしいジェンベの音がいっぱい鳴り始めました。ジェンベの音はますます激しく、大きくなり、我慢できなくなったイブナスゥイヤはバオバブの木をおりてみました。木の下では、ひとりの老人が、すずしい顔でひとり、ジェンベをたたいていました。イブナスゥイヤは怒って言いました。

「せっかく町をはなれて、静かに暮らそうとしていたのに、お前さんのせいでちっとも眠れやしない！　こんなところで騒がしい音などたてずに、どこかに行ってくれ！」

　でも、老人は、イブナスゥイヤなど目に入らないかのように知らんぷり。ジェンベをますますはげしくたたくばかり。イブナスゥイヤはどなったり、頼んだりしましたが、老人は腰を上げる気配もまったく見せません。翌日の夜も、その翌日の夜も、老人はバオバブの木の下で、激しくジェンベをたたき続けました。

　そんな日が何日か続いた、ある朝のこと。イブナスゥイヤは太陽がのぼると、さっそくバオバブの木をおりて老人に言いました。

「やあ、ご老人。おまえさんのジ

エンベはすばらしい音色だ。おかげで、毎晩、ジェンベの音を子守唄《うた》代わりにぐっすり寝ることができるよ」

そうして、イブナスゥイヤは何度も老人にお礼を言い、「これは、ほんの気持ちさ」と言って、お金を渡しました。老人は喜んで、そのお金を受けとりました。

翌日も、翌々日の朝も、イブナスゥイヤは、朝一番にバオバブからおりると老人に礼を言い、お金を渡しました。

しかし、四日目の朝、イブナスゥイヤは同じようにバオバブの木からおりましたが、老人など目にも入らないかのように、知らんぷりをしてその前を通り過ぎようとしました。そんなイブナスゥイヤを老人は呼びとめました。

「おい！　イブナスゥイヤ、今日は金をくれないのか？」

イブナスゥイヤは、その声さえもまったく聞こえないかのように去っていきました。翌日も、翌々日も同じこと。イブナスゥイヤは老人にお金をやらず、老人などいないかのように知らんぷりをしたまま過ぎ去りました。

四日目の朝、イブナスゥイヤが老人の前を通りかかろうとすると、老人が怒って呼びとめました。

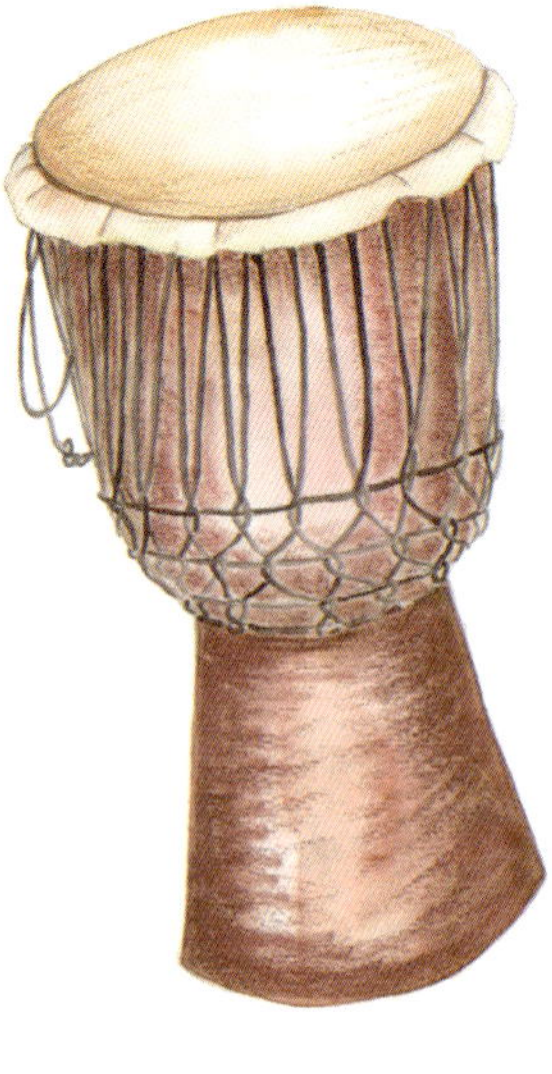

「おい！　わしがジェンベをたたくおかげで、おまえは毎晩、子守唄を聞いているみたいにぐっすり眠れるんじゃないか。それなのに、わしに銭をくれんとは、いったいどういうことじゃ。こんな礼儀知らずのいるところには、長居はできん！」

そう言うと、老人はジェンベと自分の荷物をかたづけて、どこかへ行ってしまいました。

その日からというもの、イブナスゥイヤは、静かにぐっすり眠ることができたということです。

（注　ジェンベ……アフリカのたいこ）

バオバブのお嫁さま

あるところに、村があって、一人の男が住んでいました。男のおかみさんは、だいぶまえに死んでいて、男はまたお嫁さんをもらいたいと思っていましたが、年もかなりいっていたうえに、財産らしいものもなかったので、男のところに嫁にこようという娘はおりませんでした。そこで、とうとう男は、草深い森のなかに一人ぼっちで住むことに決めました。

森のなかで、男は一本のバオバブをみつけました。男はこのバオバブを根っこからぬいて、眼をつけ、足をつけ、頭をつけ、腕をつけました。そして、美しい布で飾ってやると、バオバブはたいへん美しい娘になり、どこかの王女さまかとみまがうほどでした。男が、バオバブの娘にお守りをつけてやると、娘には命が宿りました。ある水曜日の夜、男はこのバオバブの娘をうちに連れて帰りました。

バオバブのお嫁さまは、男のうちで、料理をつくったり、掃除をしたり、かいがいしく働きました。ある日のこと、男は村に買い物にでかけました。バオバブのお嫁さまが、家

Nat.

にひとりで残っていると、近所のばあさんがうちにやってきて、美しい娘を見て、たいへん驚きました。

「おまえは、だれじゃ？　ここでなにをしておる？」

ばあさんはうちに勝手に入ってきて、お嫁さまに聞きましたが、お嫁さまはだまって答えませんでした。そのうち、ばあさんは、おこって帰ってしまいました。

ばあさんは、村に帰ると王さまのところに行き、男のうちで見た美しい娘のことを話しました。

「そちの言うことが本当で、そんなに美しい娘なら、わしの嫁にしたい」

王さまは言いました。そして、三人の兵隊を男のうちにやりました。三人の兵隊は口をそろえて言いました。

「娘はたいへん美しくて、アラビア人かとみまがうほどです」

それを聞くと王さまは、いてもたってもいられなくなり、兵隊たちに、無理やりにでも娘を連れてくるように、と命令しました。兵隊たちは、いやがるバオババブのお嫁さまを、ひきずって御殿に連れていきました。でも、バオババブのお嫁さまは、御殿に入るなり、口をつぐみ、まったく動かなくなりました。

娘がいなくなって、男は悲しくて泣きましたが、相手は兵隊を連れた王さまです。どうすることもできません。ひとりでいるのもつらいばかりなので、食事をつくっては、動物たちを呼んで与えてやりました。ある日、思いついて、男は牛に聞きました。

「王さまのところにおまえが行ったら、なんと言うかね？」

牛は答えました。

「わたしなら、こう言ってやりますよ。モー、モー」

男はため息をつきました。

「だれかに行ってもらうにしても、おまえではなさそうだ」

こんどは、ヤギにたずねました。

「王さまのところにおまえが行ったら、なんと言うかね？」

ヤギは答えました。

「おいらなら、こう言ってやるよ。メェー、メェー」

男は、またがっかりしてため息をつきました。そして、次にヒツジに聞きました。

「王さまのところにおまえが行ったら、なんと言うかね？」

ヒツジは答えました。

「あたしなら、こう言ってやるわ。ベェー、ベェー」

男は、今度はオウムに聞きました。

「王さまのところにおまえが行ったら、わしの代わりになんと言ってくれるかね？」

「わたしなら、こう言いますね。王さまは、自分のものでないものを、自分のものにしようとしています。自分のものでないものは、持ち主にお返しなさい。そうでなければ、不幸な目に合いますよってね」

男は喜んで、

「おまえにこそ、わしの代わりに王さまのところに行ってもらいたい」

王さまのところに出かけようとするオウムに、男はつけくわえました。

「王さまが、バオバブの嫁を返してくれなければ、せめて、嫁がつけているお守りだけは返してもらってくれ」

はたして、王さまは、バオバブのお嫁さまを放そうとはしませんでしたが、お守りだけは返してやりました。次の日、オウムは、また王さまのところに行って、こんどは指輪を返してくれるように、頼みました。王さまは、バオバブのお嫁さまの指輪を返しました。こうして、毎日、オウムは王さまのところにかようたびに、何かひとつ、バオバブのお嫁さまが身につけているものを返してくれるように、頼みました。バオバブのお嫁さまが着ているものは、少しずつなくなり、最後には裸になってしまい、ただのバオバブの幹になってしまいました。

王さまは茶色い幹になったバオバブの嫁を見て、悲しみました。そして、男に御殿にやってくるように、言いました。

「このバオバブの幹をどうか、どこかにもっていってくれ。そして、どうかわたしのしたことを許しておくれ」

男は言いました。

「もし、本当にご自分のなさったことが悪かったと思うなら、つぐなってください。わた

Nah

しに、米の袋を千と、さとうの袋を五十、塩の袋を三つください。そうすれば、わたしのバオバブの嫁を連れて帰りましょう」

王さまはさっそく、蔵をあけて男が頼んだものを男のうちに運んでやりました。

でも、うちに連れて帰っても、お守りをつけてやっても、バオバブのお嫁さまは、もう息を吹き返しませんでした。男は、バオバブのお嫁さまを森のなかにはこび、もとの場所に再び植えました。そして、枝に指輪をさして言いました。

「いとしいおまえ、おまえのことをいつまでもいとおしく思うよ。どうか、わたしの幸せを、ここからいつまでも願っていておくれ」

男は王さまからもらったたくさんの食べもので、不自由することなく暮らし、しばしばバオバブのお嫁さまをたずねながら暮らしたということです。

人食い鬼とマンゴーの木のはなし

ある深い森のなかに、人食い鬼が棲《す》んでいました。人食い鬼は、ある日、マンゴーの苗を植えました。マンゴーの苗を植えてから、人食い鬼は、一度も水をやったり、世話をやいたりしませんでしたが、場所がよかったのか、マンゴーは勝手にどんどん大きくなりました。

何年かたったある日のこと、人食い鬼はたまたまマンゴーの苗を植えた場所を通りかかりました。マンゴーの木は見あげるほどに大きくなり、赤く熟《う》れたうまそうな実を、重たそうに枝いっぱいにつけていました。自分が植えたマンゴーの木だったことに気がついた人食い鬼は、大喜びしました。

「うまそうなマンゴーじゃ。さっそくたっぷり採ってやろう」

人食い鬼は、マンゴーを入れるかごを持っていなかったので、翌日、大きなかごを持って、出直すことにしました。

けれど、翌朝、かごを下げて人食い鬼がやってくると、熟れて食べごろになったマンゴ

ーは、ひとつ残らずもぎとられているではありませんか。

「ありゃ！　いったいマンゴーは、どこに行ったんじゃ？　誰のしわざじゃろう？」

人食い鬼はじだんだ踏んでくやしがり、あたりをぐるりとまわって盗人《ぬすっと》をさがしましたが、誰もいません。しかたなく、人食い鬼は、またあらたにマンゴーが熟れるまで、数日待つことにしました。

けれども、数日後、人食い鬼がまたかごをさげてやってきたときも、熟れたマンゴーは、やっぱり、ひとつ残らずもぎとられていました。人食い鬼は、かんかんになって、あたりをいったりきたりして盗人をさがしまわりましたが、盗人はもうとっくに遠くに逃げたあとでした。人食い鬼は、やっぱりもう一度、またマンゴーが熟れるまで、待たなくてはなりませんでした。でも、今度は前のように帰ってしまうのではなく、マンゴーの木に登って、葉のかげに隠れて、盗人を待つことにしました。

数日が過ぎ、マンゴーが熟れてまもないころのこと、がさごそと音をたてて、草むらから、大きなかごを背負った盗人が現れました。盗人は、人食い鬼が木の上に隠れていることに気がつかず、熟れたマンゴーを残らずもぎとると、かごに入れ、立ち去ろうとしました。人食い鬼が木の上からとびおり、そいつをおさえこんだのは、そのときでした。

「わしのマンゴーを全部盗んだのは、おまえじゃったな！」

人食い鬼は、マンゴーがいっぱい入ったかごの中へばあさんを放り込み、肩にかつぎました。というのは、盗人は、年をとったばあさんだったからです。それから、人食い鬼は、盗人のばあさんをゆっくりこらしめてやろうとかごを肩にかついでうちに急いで走り出しました。

ばあさんは、かごの中でゆられながら、穴を開け、マンゴーをふたつみっつ、穴から道にころがして、言いました。

「おうい、鬼よ、鬼よ、マンゴーがかごから落ちておるぞ」

人食い鬼は、「マンゴーのひとつやふたつ、どうってことねえ」と思いながら、道を急ぎました。ばあさんは、かごの穴から、どんどんマンゴーを落とし続け、落とすたびに、「おうい、鬼よ、鬼よ、マンゴーがかごから、どんどん落ちておるぞ」と、叫びましたが、人食い鬼は、速さをゆるめません。

そのとき人食い鬼が考えていたことは、うまそうに熟れたマンゴーよりも、自分のマンゴーを盗んだ、盗人ばあさんをどうやってこらしめるかということだけだったからです。でも、ばあさんは、マンゴーをどんどん落とし続けたので、しまいにはマンゴーはひとつもなくなり、ついでにばあさんは、穴を広げると、自分も穴からとびおり、すたこらと逃げてしまいました。

人食い鬼がかごの軽さに気がついたのは、ばあさんが逃げてずいぶんたったあとのことでした。鬼は、かごを地面に投げ捨て、じだんだ踏んでくやしがりました。そして、道をひきかえして盗人ばあさんを追いかけましたが、ばあさんの逃げ足は速くて、姿はとっくに見えなくなっていました。逃げるついでに、ばあさんは自分が落としたマンゴーを残さず拾って、頭に巻いていた布につめこんでいくことも忘れていませんでした。
人食い鬼は、それから長いあいだ、くやしくて涙を流して暮らしたそうです。
わしの話は、これでしまいじゃ。

イブナスゥイヤとスルタン

るところにイブナスゥイヤという男が住んでいて、同じ村にスルタンがいました。スルタンは、自分の妻をたいへんに愛していました。イブナスゥイヤにも女房がいました。そして、よく似た二匹のヤギもありました。

ある日、イブナスゥイヤは、二匹のヤギを外に連れ出して、言いました。

「わしは、これから森に行く。もし、わしに用事があったら、一匹ヤギを残しておくから、このヤギを放して、わしをさがしに来るように言いつけるんじゃ」

イブナスゥイヤは、そう言って、自分は二匹のうちの一匹を連れて、出かけました。

しばらくすると、スルタンがイブナスゥイヤのうちにやってきました。

「イブナスゥイヤは、どこじゃ？」

「いま、森に行っておるんでございますよ。少々お待ちくださいませ、夫は、用事があっ

Nat.

たら、このヤギを放して、さがしに来させるようにと言って、出て行きましたから」

そう言って、イブナスゥイヤの女房は、ヤギを放し、イブナスゥイヤをさがしに行くように言いつけました。そして、ヤギの尻をたたくと、ヤギはとっとと森のほうに向けて、行ってしまいました。しばらくすると、イブナスゥイヤが、ヤギを連れて戻ってきました。

スルタンの驚きようといったら、たいへんなものでした。

「なんとかしこいヤギじゃ。わしに、ぜひともゆずってくれ。金なら、ほら、これをやろう」

スルタンは、イブナスゥイヤに金をおしつけると、ヤギを連れて嬉しそうに帰っていきました。

それからしばらくして、スルタンは森に行くことになりました。スルタンは、ヤギを納屋から出して、奥さまに言いました。

「わしは、これから森に行くが、もし、わしがなかなか帰ってこなかったら、このヤギを放して、わしをさがしにくるように言いつけるのじゃ」

スルタンがなかなか帰ってこなかったので、スルタンの奥さまもしびれをきらして、ヤギを放し、スルタンをさがして連れて帰ってくるように言いつけました。ヤギは、とっとと森の中に消えてしまいました。自分がスルタンに売ったヤギが、森の中をうろついているのを見つけたイブナスゥイヤは、ヤギを連れて帰り、殺して、頭を飛ばして、煮て、食べてしまいました。スルタンは、長い間、森の中で待っていましたが、ヤギは来ないし、雨は降ってくるし、お腹はすくしで、カンカンに怒って、うちに帰ってきて、奥さまにどなりつけました。

「でも、あたくしは、あなたさまがおっしゃるように、ヤギを放して、森に追い込んでやったんですのよ」

奥さまはいいました。スルタンは、やっとイブナスゥイヤにいっぱい食わされたことに気がつき、怒りました。

「おのれ、イブナスゥイヤのやつめ。わしをだましおったな」

そして、家来を連れて、イブナスゥイヤを殺しに、うちにでかけました。

それを知ったイブナスゥイヤは女房にパンと菓子を持たせ、家の屋根に上らせました。

そして、言いました。

「よいか、わしがたいこをたたいて歌を唄《うた》うから、ほどよいところで、パンと菓子を屋根から落とすのじゃぞ」

スルタンが家にやってくると、イブナスゥイヤは、たいこをたたいて歌を唄っている最中でした。

「おお、たいこよ、パンを落としておくれ。

空からパンを落としておくれ」

すると、パンが、空から落ちてきました。イブナスゥイヤは続けました。

「おお、たいこよ、菓子をおくれ。

空から菓子を落としておくれ」

すると、今度はおいしそうな菓子が落ちてきました。スルタンはびっくりしました。願ったものが、たいこをたたくだけで空から降ってくるのですから。

「わしにぜひ、そのたいこをゆずってくれ。それで、ヤギでわしをだましたことは、許してやるから」

スルタンが何度も何度も頼むので、イブナスゥイヤはスルタンにたいこを売ってやりました。スルタンは、大喜びでうちに帰り、帰るなり、両手でたいこをたたきはじめました。

「おお、たいこよ、パンを落としておくれ。

空から、パンを落としておくれ」

唄いながら、スルタンは、たいこをたたいて、たたいて、両手にまめができるまで、力いっぱいにたたきましたが、どんなに力強くうっても、大きな声で唄っても、パンはいっこうに空から落ちてきません。

「おのれ、イブナスゥイヤめ、今度こそ、許せん。絶対に殺してやる」

だまされたことにやっと気がついたスルタンは、うちを飛び出しました。

そのころ、イブナスゥイヤは女房の首にヤギの血のいっぱいつまった皮袋を巻いて、言いました。

「よいか、スルタンが来たら、わたしはおまえののどに巻いているこの袋をざっくり切る。おまえは、死んだふりをするのだぞ。それから、わしは、この本を手にとって読みはじめるから、しばらく読んだら起き上がるんじゃ」

スルタンがやってくると、イブナスゥイヤは、ちょうど女房とけんかをしている最中でした。

「女房よ、井戸から水を汲《く》んで、わしに持ってこい」

「いやでございますよ。今は忙しいんですから」

「なに！　おまえは主人の言うこともきけないつまらない女房なのか！　そんなやつは、こうしてくれる！」

そう叫ぶなり、イブナスゥイヤは、とがったナイフを取り出して女房の首にざっくり切りつけました。あたり一面に血が飛び散り、女房はばったり倒れました。一部始終を見ていたスルタンは、びっくりしました。

「なんと、おまえはわしの目の前で、自分の女房を殺してしまったな！　しかもつまらないことで！」

でも、イブナスゥイヤは落ちついて言いました。

「女房が言うことをきかないときには、たまにはしかたないことでさぁ。まあ、これにあいつもこりて、少しはおとなしくなるでしょうよ」

それから、イブナスゥイヤは本を取り出して、なにやらむにゃむにゃと読み始めました。しばらくすると、女房はむっくり起きて、前掛けをはらい、なにごともなかったかのように、家事を始めました。

「その本を、わしにぜひ売ってくれ！」

スルタンは、イブナスゥイヤから本を買いとり、うちに帰ると、奥さまに言いました。

「わしがおまえに水汲みを言いわたすから、おまえはいやだと言いはるのじゃ。わしは、おまえの首を切る。でも、案ずることはない。この本を読めば、おまえはまた元気になるのじゃ」

「あなたさまのおっしゃるとおりにいたします」

スルタンは、イブナスゥイヤが言っていたように、女房に水汲みを言いわたしました。

「わしに井戸から水を汲んで来い」

「いやでございます」

スルタンは、奥さまののどをナイフでざっくり斬りました。そして、本を開いて、むにゃむにゃと読み始めました。でも、どんなに長い間読んでも、奥さまは立ち上がることはありませんでした。

ほら、これがわしの話じゃ。

木でも石でもない。

イブナスゥイヤと老女のヤギとスルタン

かしあるところに、ばあさんがいました。ばあさんには、一匹の雌ヤギがありました。ばあさんの住む村には、スルタンがいて、スルタンは、雄ヤギを飼っていました。季節がきて、ばあさんの雌ヤギとスルタンの雄ヤギは仲良くし、しばらくすると、ばあさんの雌ヤギは二匹の子ヤギを生みました。それを聞いたスルタンは、家来を呼んで言いました。

「ばあさんのところに行って、生んだ子ヤギを連れてこい。それは、わしのヤギだからじゃ。ばあさんの雌ヤギに子を生ませてやったのは、わしの雄ヤギだから、小ヤギもわしのものじゃ」

翌日、ばあさんは、イブナスゥイヤのうちにやってきました。

「うちの雌ヤギがお産をして、二匹の子ヤギを生んだんじゃが、きのう、スルタンの家来が来て、お産をさせたのはスルタンの雄ヤギじゃいうて、あたしの子ヤギをとりあげちまった」

「おやおや、それは本当の話かい？」

「本当だとも」

「それで、ばあさんは、どうしてわしのところへ来たのかね？」

「おまえさんなら、あたしの子ヤギを取りかえしてくれる方法を思いつくかと思ったでな」

「ふむ、なるほど。そういうわけなら、明日まで待っておいで」

　次の日は、金曜日でした。イブナスゥイヤは、かごをとりだすと、そのなかに洗濯物をたくさんいれ、外に出ました。それから、金曜日の礼拝にモスクに集まった人々の前を通って海辺に向かって歩いていきました。

「おおい、イブナスゥイヤ。金曜日の礼拝に来ないのか？」

　知り合いのひとりがイブナスゥイヤの

背中に向かって、大きな声で呼びかけました。イブナスゥイヤは、振り返って大声でどなりかえしました。

「いや、今日はわしは忙しいんじゃ。なにしろ、おとっつぁんがお産をしたんでなぁ」

「なんだって！　おやじさんがお産をしたんだって？」

「そうさ、それでもってわしは洗濯をたくさんしなきゃならないってわけさ」

イブナスゥイヤは、そう言うと海辺に洗濯をしにすたすたと行ってしまいました。しばらくして、洗濯を終えると、イブナスゥイヤはまた広場に上ってきました。

「イブナスゥイヤ、おまえは金曜日の礼拝に来ないで、海に行っていたのか？」

別の知り合いが、また声をかけてきました。

「ああ。おやじを一人にしてはおけんからなぁ。さっきも言ったが、なにしろ、お産をしたばかりでなぁ」

「男がお産をするのか⁉」

知り合いは、叫びました。

「そうさ、わしのおとっつぁんがお産をしたんじゃ」

そう言って、忙しそうにイブナスゥイヤは家に帰っていきました。人々は、広場に残って、今の出来事をうわさしました。そこにイブナスゥイヤが、べつの洗濯物を抱えて、またやってきました。

「イブナスゥイヤ、冗談もほどほどにして、金曜日の礼拝に来たほうがいいぞ」

イブナスゥイヤはなおも言いました。

「だが、本当にわしのおとっつぁんがお産をしたんじゃよ。どうして、だれも信じてくれんのじゃ。もし、わしが金曜日の礼拝に行っていたら、おとっつぁんはひとりになっちまう。おとっつぁんをひとりにはできんじゃないか」

「おまえは、本当に男がお産をすると言っているのか?」

人々は、聞きました。

「そうさ、おとっつぁんがお産をしたんだから」

「いいかげんにしろよ。そんな話は、聞いたことがない」

「でも、おとっつぁんはお産をしたんだよ」

イブナスゥイヤは、そう言うとまた洗濯をしに海に行ってしまいました。

皆はスルタンのところに行って、イブナスゥイヤがおやじさんがお産をしたと言って、金曜日の礼拝にも来ないで、海に行っていると言いました。スルタンは大笑いをしました。

「イブナスゥイヤのおやじさんがお産をしたって!? おまえたちは男がお産をするなんて、聞いたことがあるか?」

「えぇっと、でも、イブナスゥイヤは、おやじさんがお産をしたと言い張っています」

スルタンは、イブナスゥイヤを呼びにやりました。イブナスゥイヤはさっそくスルタンのもとにやってまいりました。

「おまえは、おやじどのがお産をしたと言って、金曜日の礼拝にも来ないで海にいっているそうじゃないか」

　スルタンは聞きました。

「そうでございます。わたくしのおとっつぁんがお産をしたのでございます。おとっつぁんをひとりにできないので、わたくしは金曜日の礼拝には行けないのでございます」

「おまえは、男が本当にお産をすると思っておるのか？」

「あなたさまはスルタンでございます。あなたさまでさえ、男もお産をすることをご存じないのでございますか？」

「男はお産などしない。そんな話は聞いたことがない」

　スルタンは言いました。

「スルタンは、男はお産をしないと思われるのですか？」

「男はお産などしない」

スルタンはきっぱり答えました。

「それでは、わたくしめに『男はお産をしない、それは本当ではない』と紙に書いてご署名をしてくださいませ」

スルタンは承知し、イブナスゥイヤに頼まれたように紙に書き、署名をしました。それを手にして確認した後、イブナスゥイヤはスルタンを正面から見て、言いました。

「それでは、スルタンよ、あなたさまが奪った子ヤギを、ばあさんにお返しなさい。人間の男がお産をしないように、雄ヤギだって、お産はしないはずですから」

スルタンは、子ヤギを黙ってばあさんに返したそうな。


これでわしの話はおしまい。

ニヤ

むかしあるところに若い夫婦がありました。二人に女の子が生まれ、その子はニヤと呼ばれることになりました。でも、おかあさんはニヤを産んでしばらくして、ニヤと父親を残して死んでしまいました。ニヤは父親と二人きりでこの世に残されました。

ニヤが少し大きくなったとき、ニヤは立ちあがって言いました。

「お父さん、起きて。また誰かをお嫁さんにもらってちょうだい」

お父さんは答えました。

「わしは、もう嫁はとらん。なぜかって、新しいお母さんはきっとおまえを好かんだろうから」

「いいから起きて、誰かさがしてお嫁さんにもらってちょうだいよ。あたしはきっときらわれたりしないから」

「いやいや、新しいお母さんは必ずおまえを嫌いになって、おまえに悪いようになるだろうから、わしはもう嫁はとらないよ」

ニヤは、家を出て村を歩きまわり、最初に目にはいった女の人に、家で火をおこしたいから熾《お》き火をください、と頼みました。女の人は、ニヤを家の中へ招きいれました。家の人たちはちょうど食事の時間で、みなで食卓を囲んでいましたが、ニヤには一緒に食べるようにすすめませんでした。ニヤは、熾き火だけもらって、うちに帰りました。

それから数日たって、ニヤはまた別のうちを訪ねて、熾き火をくださいと頼みました。今度のうちの女の人は言いました。

「ちょうどごはんの時間だから、すわってここで食べておいで」

ニヤはごはんを一緒に食べ、熾き火を持ってうちに帰り、お父さんに言いました。

「お父さんのお嫁さんをさがしてきたよ」

「そりゃいったい、どこのだれかい?」

お父さんは驚いて聞きました。

「あっちのうちの女の人だよ」

こうして、ニヤのお父さんは新しいお嫁さんをもらうことになりました。しばらくして、お父さんと新しいお母さんの間に女の子の赤ちゃんが生まれました。この赤ちゃんはニヤと名づけられました。ニヤが二人になったので、大きいニヤと小さいニヤと呼ばれることになりました。

最初のころ、新しいお母さんは、とてもやさしくてニヤも新しいお母さんが大好きでした。お母さんは、二人のニヤを同じようにかわいがり、同じような服を着せていました。でも小さいニヤが大きくなるにつれて、お母さんは変わってきました。お母さんは、少しずつ大きいニヤをうっとうしく感じるようになり、つらくあたるようになりました。食事のとき、大きいニヤにやるものがどんどん減っていきました。最後には、なにもやらないか、やっても残りものだけでした。小さいニヤは、お父さんとお母さんと三人で食べました。

「大きいニヤは、どうして一緒に食べないのかい？」

お父さんはお母さんに聞きました。

「大丈夫ですよ」

お母さんは答えました。

「大きいニヤはもう先に台所で食べて、もうお腹がいっぱいなんだから」

ある日のこと、お父さんは二人のニヤを残して、仕事で旅に出かけました。同じ日に、お母さんは大きな鍋いっぱいの湯を沸かしました。それから洗濯ものをして、それを広げて乾かす前に、庭に大きな穴を掘りました。小さいニヤはコーラン学校に行っていて、うちにいませんでした。家には大きいニヤとお母さんの二人きりでした。お母さんは、ニヤに聞こえるように言いました。

「庭にわたしの洗濯ものを持ってきてくれるいい子はいったいだれかしら？」

ニヤはお母さんの洗濯ものを持って、庭に出ました。お母さんはニヤを後ろから穴につき落とし、煮えたぎった湯をあびせて、その上から土をかぶせて穴を埋めました。

小さいニヤがコーラン学校から帰ってくると、お母さんに聞きました。

「大きいニヤはどこ？」

小さいニヤは、お母さんにまとわりついて、何度も聞きました。とうとうお母さんはニヤをどなりつけました。

「うるさい子だね！　あたしゃ、大きいニヤがどこに行ったか知らないよ。もう聞くのはよしておくれ！」

それから数日して、小さいニヤが庭に出て「大きいニヤ、いったいどこにいるのよう」とつぶやきました。すると、どこからか声が聞こえました。

「ああ、ニヤ、ああ、ニヤ、
どうしたらいいんだろう？　ニヤ
あんたのお母さんは、あたしのことが好きじゃない
あんたのお母さんは、あたしを穴に落としたの
それからあつい湯をぶっかけて、穴を埋めちゃった。
ああ、ニヤ」

ニヤは、びっくりして逃げだしました。でも、おそるおそる戻ると、また同じ歌が聞こえてきました。ニヤはお母さんのところにかけていきました。
「おかあさん！　あたしが庭にでたら、どこからか歌が聞こえてきたの。どうしたらいいんだろう？　ニヤ、あんたのお母さんは、あたしのことが好きじゃない、あんたのお母さんは、あたしを穴に落としたの、それから熱い湯をぶっかけて、穴を埋めちゃったって歌ったのよ」
お母さんは、ぞっとしましたが、「うるさい子だねぇ。本当におまえはおばかさんだよ」と言いました。小さいニヤが庭に出て、大きいニヤを呼ぶたびに同じ歌が聞こえてきまし

た。小さいニヤは、泣きながらいく夜も過ごすと、やっとお父さんが旅から帰ってきました。お母さんは、お父さんに言いました。
「あんたが旅に出てからすぐ、大きいニヤはいなくなってしまったんだよ。あたしはどこにいるかちっとも見当もつかないの」
それを聞いて、小さいニヤが叫びました。
「うそ！　それ、うそよ。ニヤは庭にいるのよ。あたしが庭に出るたびに、歌が聞こえるもの」
ニヤはお父さんと庭に出て、大きいニヤを呼びました。すると歌が返ってきました。
「ああ、ニヤ、ああ、ニヤ、
どうしたらいいんだろう？　ニヤ
あんたのお母さんは、あたしのことが好きじゃない
あんたのお母さんは、あたしを穴に落としたの
それから熱い湯をぶっかけて、穴を埋めちゃった。
ああ、ニヤ」

二人は一緒に声のするところを掘りかえし、ニヤを見つけだしました。ニヤの体はすっかりくさってばらばらになっていましたが、二人はニヤの体を全部集めて、占い師のところに持っていき、薬湯をつくってもらってつけておくと、しばらくして大きいニヤはすっかりもとどおりに元気な体になりました。

お父さんは二人のニヤに、旅のみやげをたくさんやりました。そしてお母さんに言いました。

「おまえがこんなひどい女だと知ったからには、もう一緒にはいられない。どこへなりと行くがいい」

それから、お父さんと二人のニヤは楽しく暮らした、ということです。

これでわしの話はおしまい。

石でも木でもない。

（注　コーラン学校……マブラーと呼ばれる宗教指導者が教えるノンフォーマル学校。ここで子どもたちは、アラビア語で書かれたコーランを読み、書き、覚えることから始まり、祈り、イスラム教徒としての生き方、善行を学ぶ）

167　ニヤ

ばかなドーェ

あるところに、ドーエという若い男がおりました。ドーエのおつむときたら、まったくゆっくりとしか動かなくて、ひとつのことを理解するのに、たいへんな時間がかかりました。それにわかったとしても正反対に理解していることがしばしばでした。

ある日、ドーエはもう大きくなったので、ひとりで畑へ働きに行くことにしました。翌日はおてんとさまがぴかぴかと光るすてきな朝でした。ドーエは朝早く起きて、おとっつぁんにもおっかさんにも言わないで、走って畑へ行きました。でも、畑につくと、鍬《くわ》も鉈《なた》も何も持ってきていないことに気がつきました。

「ありゃあ、畑仕事の道具を忘れちまったよう！　こりゃあ、もういっぺんうちへ帰らにゃあなんねぇ！」

そしてうちへ帰ると、家のまわりをいったりきたりして、鍬をさがしましたがどこにもありません。ドーエは怒って叫びました。

「おいらの道具はいったいどこにあるんだよう?」

叫び声を聞いて、おとっつぁんとおっかさんが出てきました。

「おめぇはあほうじゃのう。いままで畑仕事をしたことのないおめぇが、道具を持っているわけなかろうが」

おとっつぁんは言いました。そして、ドーエに新しい鍬と鉈を買ってやりました。ドーエは喜んで畑に走って戻りました。

買ってもらったばかりの鉈で、ドーエはまずマンゴーの木から切り始めることにしました。でも、マンゴーの木の幹は、あんまり太かったので、切り倒すことができません。ですから、ドーエはよっとこさとマンゴーの木に登り、枝から切ることにしました。ドーエは一番下の太い枝を切り始めましたがそれは自分がまたいで、体をささえている枝でした。ドーエが枝を切りおとすと、ドーエも一緒にどすんと落ちてしまいました。高いところから重い枝と一緒に落ちてしまって、ドーエはあんまり痛くて起き上がることすらできず、わいわいと叫びだしました。

その声を聞いて、近くのお百姓さんがやってきて、

ドーエに「いったい何があったんじゃ」と聞きました。ドーエは枝の下敷きになって血だらけでした。

「おいらがマンゴーの枝をきっていたら、ほれこのとおり、落ちちまったんさぁ」

お百姓さんは、ドーエが自分がまたいでいた枝をきっていたと聞いて、あきれて言いました。

「自分のまたいでいた枝を切るとは、こりゃあ、筋金入りのあほうじゃ。切るまえに、考えることもできんのか」

ドーエは言いかえしました。

「おいらが切るまえにどんだけ考えたかも知らねぇで、知ったふうに言わねぇでくれ」

お百姓さんは、頭をふって、ドーエをおとっつぁんとおっかさんのところに連れて帰ってやりました。お百姓さんの話を聞いて、おとっつぁんもドーエのばかさかげんに驚いて、「ほんに、ほんにおめぇはあほうじゃ。でも、おめぇをひとりで畑にやったわしらもばかじゃった。おめぇのために、鍬や鉈を買うなんぞ、これまたばかなことじゃった」

と、ぶつぶつ文句を言いました。それを聞いてドーエは言い返しました。

「おとっつぁんは、おいらが立派なお百姓さんになると思うて鍬や鉈を買ってくれたんじゃろう？　それに、おいらはちょうっとぬけちゃあいるが、そうあほうとは思わねぇぜ。こりゃあ、おいらがぬけめのねぇかしこい男だっちゅうことじゃとは思わんか？」

それを聞いて、おとっつぁんは怒って言いました。

「だまれ、あほぅめ。おめぇはもう二度とひとりで畑へいっちゃあなんねぇ。それから、わしは医者を呼んでおめぇのあほうにつける薬をもらわなきゃあなんねぇ」

「そんなに言うなら、勝手にしやがれ」

ドーエは首をすくめました。


二人のやりとりをだまって聞いていたおっかさんが、やっと口を開いて言いました。

「けっきょく、けがをしたのはおめぇだもん。それにおめぇのばかにつける薬はねぇよ」

それをきいてドーエは怒って言い返しました。

「おいらは病気じゃねぇから薬なんざ、いらねぇって。ちょっくら血が出ているだけさぁ」
おっかさんは、聞きました。
「ドーエ、おめぇはどうしてけがをしたのかわかっているのかぃ？」
「おいらがけがをしたのは、マンゴーの木から落ちたからじゃねぇか。そのくれぇのこと、だれにだってあることだろう？」

イブナスゥイヤといじわるな村人

あるところにイブナスゥイヤというお百姓さんが住んでいました。イブナスゥイヤは村の人たちがうらやましがるような、立派な牛をもっていました。村人たちは、いつイブナスゥイヤが牛をつぶしてごちそうしてくれるのか、と待っていましたが、なかなかその時はきません。村人は、イブナスゥイヤが魚のカレーに目がないことを聞いて、ひとりのばあさんに頼んで魚のカレーを作って、イブナスゥイヤを招いてもらいました。イブナスゥイヤが、喜んで魚のカレーに舌鼓《したつづみ》をうっているあいだに、村の人たちはイブナスゥイヤのうちに行き、牛の首を断って、皮をはぎ、肉をみんなで分けてしまいました。

イブナスゥイヤが腹いっぱいになって帰ってみると、牛はすっかり殺されて、みなで分けられてしまったあとでした。

「ああ、わしの牛が！　せめて骨くらい残っていてくれ」

イブナスゥイヤは、かわいがっていた立派な牛が勝手に殺されてしまったことを、頭を

かかえて、嘆きました。
　そして残っていた牛の骨をかきあつめると、それを小船に乗せて海に出ました。海に出ると、大きな船をみつけて、わざとぶつかり船をひっくりかえして、大声で叫びました。
「ああ！　おまえさんは大切な王さまの宝ものをひっくりかえしてしまったな！　これはわしが王さまにさしあげる、よその国の珍しい刀や、美しい細工をほどこした飾りだったのに！」
　船乗りたちは、それを聞いてたいへんなことをしてしまったとひらあやまりにあやまりました。そしてお詫びにイブナスゥイヤにたくさんの金貨をやりました。イブナスゥイヤは金貨をたくさん積んで、そして村に帰りました。

村にかえると、イブナスゥイヤは村人を集めて言いました。

「わしが牛の骨を持って、海に出たら、ほれこのとおり、これだけの金貨で売れてしまったよ。牛の骨は、いまたいへんに求められているようじゃのう」

イブナスゥイヤの持って帰った、きらきらと光る金貨を見て、村人たちはたいへんにうらやましくなりました。村人たちは、家に帰ると自分のもっている牛をつぶして骨を集め、それぞれの船に乗って、海に出ました。そして見たことのない船が通りすぎるたびに、「骨はいらんかね、牛の骨はいらんかね」と叫びました。でも船乗りたちは、それを見て大笑いするだけで、だれも買おうとはしませんでした。

だまされたとわかった村人たちは、おこって「けしからん、イブナスゥイヤめ！　しかえしにやつのばあさんを殺してやろう！」と言い合いました。イブナスゥイヤはそれを聞いて、おばあさんを畑のなかに隠しました。そして、村人たちがあやしまないように、寝床にシーツをまるめて入れ、布団をかけて、いかにもおばあさんが寝ているように見せかけておきました。村人たちは、おばあさんが寝床にもぐって寝ているものと思いこんで、イブナスゥイヤのおばあさんのうちに火を放ちました。イブナスゥイヤはおばあさんのうちが音を立てて焼け落ちるのを見て、涙を流しましたが、火の手ははやく、どうすることもできません。

焼け落ちた後の灰を、泣きながらかきあつめ、イブナスゥイヤはまたそれを小船に積んで海に出ました。そして、再び大きな船をみつけると、それにぶちあたって自分から小船をひっくりかえすと叫びました。

「ああ、おまえたちはなんということをしてくれたんだ。これは王さまにさしあげる小麦粉だったのだぞ。大切な、特別な小麦粉だったのに！」

船乗りたちはひらあやまりにあやまりましたが、イブナスゥイヤは嘆くばかりでした。とうとう、船乗りたちはお詫びにたくさんの金貨をイブナスゥイヤにやりました。

イブナスゥイヤは金貨を小船に積んで、村に帰りました。そして、イブナスゥイヤは、「どうやら、よそではばあさんの灰は、たいへんに求められているようじゃ。わしが、ばあさんの灰を持って海に出たら、どうじゃ。こんなたくさんの金貨と換えることができたぞよ」

そう言ってちゃりちゃりと金貨を村人たちに見せました。村人たちは、それを見てうらやましくなって、家へ走って帰ると、自分たちのばあさんを殺して、焼いて灰にしてしまいました。そしてその灰を持って小船に乗り、見かけないよその船が通るたびに、「ばあさんの灰はいらんかね、ばあさんの灰はいらんかね」と声をかけましたが、船乗りたちはそんな村人たちを見て大笑いして、通り過ぎるばかりでした。

つぎの金曜日、村人たちはイブナスゥイヤをつかまえ、袋の中に放りこみました。そして袋の口をしっかりとしばり、あとで殺してやろうと、それを道にころがして、金曜日のお祈りに行ってしまいました。

イブナスゥイヤは袋の中で、

「いやだ！　わしは絶対に王女さまとは結婚せんぞ」

と、大声で叫び続けました。一人の通りすがりの男がそれを聞いて、

「いったいどういうことじゃ？」

と、聞きました。イブナスゥイヤは答えました。

「村人たちは、わしにむりやり王さまの娘と結婚させようとするのじゃ。わしがいやがると、このとおりわしを袋に入れて道にころがしてお祈りに行ってしまった、というわけじゃ」

「なんじゃ、そんなことなら、わしが代わってやろう」

通りすがりの男はそう言って、袋の口を開くと、代わりに袋の中に入ってしまいました。

村人たちがお祈りから帰ってイブナスゥイヤを入れた袋を持ち上げると、袋の中から、叫び声が聞こえてきました。

「わしは、王女さまと結婚してもよいぞ、王女さまと結婚してもよいぞ」

「なにを言っていやがる！　あほうめ！」

村人たちは、袋をかかえて小船におしこみ、それを海の中へ放りこみました。袋を嗅ぎつけたサメがすぐにやってきて、海はあっという間に血でまっ赤に染まりました。村人たちが岸に戻ると、イブナスゥイヤがすました顔で海を眺めていました。

「すばらしい眺めじゃった。魚たちがわしを歓待して、にぎやかな宴《うたげ》をもよおしてくれた

のじゃ。色とりどりの魚どもが、唄《うた》ったり踊ったりで、それはたいへん美しい眺めじゃった。それから魚どもは、わしを岸に連れてきてくれたんじゃ」

イブナスゥイヤは言いました。

それを聞いて、いじわるな村人たちは自分たちも一目、魚たちの宴というのを見たくなりました。そして、また小船をこぎだして、われ先にと海の中へ身を投げ出し、飛び込んだ順にサメに食われていったそうな。いじわるな村人たちがいなくなり、イブナスゥイヤは村の王さまになったということです。

これでわしの話はおしまい。

レユニオン島のおはなし

カエルとカメレオン

カエルのかあちゃんが、川の岸で、
ランタナの枝の上にじっとしているカメレオンを見ていた。
カエルのかあちゃんは、カメレオンに話しかけた。
「木の枝に足をひっかけて、
あんた、一体、そこでなにをしておいでだい？
ちょっとおりてきて、
あたしと、おしゃべりしようや」
カメレオンはこたえた。
「ご存じじゃないの？
あたしは上等な生きものだから、下にはおりないの。
ここにいれば、食べものは勝手に口に入ってくる。
でも、ちょいと耳にはさんだところじゃあ、
向こう岸には、なんでも大きなハエがいるってさ。

あんたは、川を泳ぐのが得意ときている。
あんたが、背中に乗せてくれるのなら、
向こう岸に、一緒に行けるじゃない」
カエルのかあちゃんは、こたえた。
「そんなことなら、まかせとき。
あんたがおぼれないように、あたしゃ、
あんたのしっぽをくわえておいてあげるから、
川に落ちるなんてことは、ないってことよ」
でも、二匹が川のまんなかに着いたとき、
カエルのかあちゃんは、ふいと自分がいかに世界を知っているか、
カメレオンに見せつけてやりたくなった。
そして、川のまんなかにある石の上にとびのって、
ざあざあ流れる水の流れを、カメレオンに見せてやった。

二匹がこうして見物しているのを、
高いところから、一羽のタカが見つけて、ひらりと舞い下り、
カメレオンの体をがっしと足でつかんだ。
カエルのかあちゃんは、カメレオンのしっぽをくわえたまま、
約束だから、はなせない。
こうして、タカは二匹をしとめて、空高く舞い上がった。

しったかぶりをする者は多い、
でも、一番大事なことを、忘れちゃならねぇ。

タカとトガリネズミ

タカは鳥の王さま、空を狭しと舞う。

ある日、タカが森の上を飛んでいるとき、トガリネズミが穴から顔をのぞかせているのを見つけた。

タカは声をかけた。

「兄弟、だいぶ前から、おまえと話がしたいと思っていた。
おまえは、どうして空を飛ばないで、生きていけるんだ？
おまえの食べているものといえば、いもや根っこ。
おれのすがたをちょっと見てみるがいい。
おれは、空を高く飛ぶことができる。
空は明るいから、おれの心も明るい。
腹がへれば、ウサギでも、ネズミでもなんでも好きなものが食べられる。
おれは、鳥のなかでも一番強く、だれもがおれに従う」

トガリネズミは、タカが自慢げに話すのをじっと聞いていた。
そして、穴から頭だけを出して言った。
「あんたが強いのは知っている。
でも、わたしがあんたをこわがっている、と思ったら大間違い。
わたしは、あんたが食べることができない、生きものさ。
あんたが近づいたら、背中の針をさっと逆立《さかだ》てる。
わたしは土の下でくらしているけれども、心は明るい。
楽しく生きるのに、べつに空を飛ぶ必要はない。
あんたの爪はとがっているし、くちばしは鋭い。
そして、自分が王さまだと思って、小さな鳥どもをおどかしている。

あんたは、ほかのものを従えないと、満足できない。
でも、わたしは自分の穴に満足して、ほかのものをいじめたりしない。
そして、教会の鐘が鳴れば、お祈りをして、こころ静かにやすむ。
さあ、わたしの穴の上から去るがいい」
タカは、それを聞くと、羽をはばたかせ、高く舞い上がろうとした。
ちょうどそのとき、首に縄がかかったのを感じた。
それは、学校帰りの子どもがしかけたわなだった。
まわりの人にいじわるをしてはならない。
明日は、なにがおこるかわからない。

おんどりのけんか

ン・タンドレに羽にすじがあるおんどりがいた。
おんどりの評判は、島じゅうにとどろいていて、
海から、マファットまで、
肩を並べるものはいなかった。
にわとり小屋のめんどりたちは、
どれもこれも、おんどりにまいっていた。
早朝には、だれよりもはやく鳴き、
たけだけしく、ふたつのつばさを広げれば、
鳥という鳥どもは、おそれおののいた。

ある日のこと、おんどりは、一羽のわかどりに出くわした。
わかどりが、おんどりにぶつかって、
二羽は、どうと倒れた。

おんどりはおこった。
そして、わかどりをこわがらせようと、
二つのつばさを高々と広げて、
コケコッコーと叫んだ。
だが、わかどりも負けてはいなかった。

起き上がると、さらに高く両翼を広げた。
「おれは、歌いたいときに歌う。
とおりたい道をとおる」
そして、ひらりと飛び上がると、
おんどりに一発、けりをおみまいした。
すじのおんどりは、驚いた。
そして、一目散に走って逃げた。

いつも、上には上がいる。
そしていつか、その上も、さらに上に合う。

（注　マファット……レユニオン島にある三つの円谷のうちのひとつ）

カルばあさんのはなし

これは、むかしむかし、レユニオン島がまだフランスの植民地だったころのはなしです。植民地では、大きな畑をもった地主がおり、地主たちは大きな畑で作物を育てるのに、アフリカから黒人を連れてきて、奴隷《どれい》としてたいへんきびしく働かせていたのでした。

そんなレユニオン島のあるところに、カルばあさんと呼ばれていた、年老いた地主がありました。カルばあさんは、たいへんにいじわるな地主で、奴隷たちにろくな食事も与えずに、きついしごとをいいつけ、これといった理由もなく、奴隷たちを鞭《むち》でうって、罰したりしました。奴隷たちは、いつも不安で、とても不幸でした。

ある日、カルばあさんは、南アフリカからきたという新しい奴隷を買って、連れてきました。新しい奴隷は、マファットという名前でした。たいへん背が高く、りゅうとした立派なからだつきで、またとてもかしこい男でした。カルばあさんは、マファットを奴隷たちの監督として、働かせることにしました。マファットは、カルばあさんが言いつけるとおりに、しっかり働かない奴隷や言いつけを守らない奴隷を鞭で罰しました。でも、しばらくすると、心やさしいマファットは、その仕事がいやでたまらなくなりました。そして、ある夜、マファットは闇にまぎれて、カルばあさんのうちから逃げだしました。

マファットは、森の中をいく日もいく日も歩きました。急な崖をいくつもいくつも登り、そして切りたった岩をいくつもいくつも数えきれないほど下りました。昼も夜も、休みなく歩きつづけ、とうとう大きな川が流れる、大きな谷にたどりつきました。谷間には、大きなタマリンドの森があり、きびしい日ざしをさえぎって大きな影をつくっていました。谷底を流れる川には、たくさんの魚や川えびが泳いでいるのが見えました。森のたくさんの木には、くだものがなっていました。マファットは、この景色を見て、「なんとすばらしい土地だろう、カルばあさんの奴隷たちは、この地で豊かに、そして幸せに暮らせるにちがいない」と思いました。

マファットは、また夜にまぎれて、こっそりカルばあさんの家に戻り、奴隷たちに、谷底に見つけた希望の土地のことを語りました。奴隷たちは、マファットの話にうっとりしました。川があり、豊かなくだものと森があり、静かなそんな土地に住めたら、ああ、どんなにすばらしいことだろう！　みんなは、一緒になってカルばあさんの地所から逃げだすことに決めました。奴隷小屋に火を放ち、奴隷たちは、星のない闇夜《やみよ》の中を逃げ出しました。

でも、悲しいことにすべての奴隷たちがマファットに従って逃げたのではありませんで

した。たった一人、マファットに嫉妬していた男の奴隷がカルばあさんに、奴隷たちがマファットに従って希望の谷に逃げて行ったのを告《っ》げ口しにいったのです。

逃げ出した奴隷たちは、新しい希望の土地を夢に見ながら、森の中で、ひとかたまりにかたまって眠りました。けれども、目を覚ますと、彼らはカルばあさんが引き連れてきた、銃を持った近所の地主たちにすっかりかこまれていたのです。その当時、逃げ出した奴隷の罪は、たいへん重く、死刑が待っているだけでした。ですから、驚いた奴隷たちは、てんでんばらばらに、一生懸命に逃げました。けれども、十数人の奴隷たちが、無惨に撃ち殺されました。マファットは、たいへんに悲しみ、また怒りました。マファットは、植物を使って、魔法の薬をつくることができました。ですから、不思議な草を見つけだして、魔法の薬をつくりだし、カルばあさんに仕える奴隷に渡して、こっそり飲ませることに成功しました。

カルばあさんは、ひとくち、マファットのつくった魔法の薬を飲むやいなや、するどい悲鳴をあげ、みるみるうちに大きな、まっ黒な鳥に姿を変えてしまいました。そして、キリキリと鳴き声をあげると、森をめがけて飛んでいきました。

奴隷たちが逃げ込んだ谷間は、それから、マファットと呼ばれ、奴隷たちはそこで長い間、マファットのもとで静かに、そして自由に暮らしました。切りたった崖に囲まれたその地は、馬も馬車も通ることができず、たくましい足をもったものしか、たどり着けなかったので、地主がおくる追っ手たちもどうすることもできなかったのです。

カルばあさんは、それ以来、闇にまぎれてそこここにあらわれ、レユニオン中の子どもたちをおどかすようになりました。カルばあさんは、病人がいるうちに、夜中にやってくるようにもなりました。いまでも、カルばあさんがすすり泣くと、病人は助かり、カルばあさんの笑い声が聞こえると、病人は死ぬ、ともいわれています。

あとがき

二〇〇七年に初めて論創社より「マダガスカルの民話」を出版していただいてから、三年。このあいだに、南インド洋にあるフランス海外県レユニオン島に住んでいる私の元に、さらに多くの南インド洋の島々、マダガスカル島、コモロ諸島、レユニオン島などのむかしばなしが集まってきました。本書は、そのたくさんのお話の中からこの地域の文化をよく伝えるものを選んでまとめたものです。

マダガスカルのおはなしの多くは、私自身がマダガスカルに住んでいる友人、マダガスカル出身の友人、とくにジゼル・ラベソアジーさん、そしてウゼビア・モリネロさんから聞いたものです。コモロのお話のうちいくつかは、コモロ共和国を構成する島々のなかでも、グラン・コモロと呼ばれるとても大きな島で、ムニール・アラウイさんといっしょに、二〇〇六年に採話したものです。その他は、有名なもの、文章化されているものの中から選んで、読みやすいように書きなおしました。

マダガスカルはたいへん大きな島で、島としては世界第四位の大きさを持ちます。その総面積は、日本の約一・五倍。いまだに電気や水道さえ通っていない地方がおおくあり、そうした人々のあいだで語られるむかしばなしは、人々の生活に、おおきなイマジネーションを与える力を持ち続けています。北から南まで、さまざまな部族のあいだで語られるおはなしは、それぞれの風習を語ったもの、ことばの由来を語ったもの、歴史に関係あるもの、とさまざまです。こうして、人と人の間で想像力豊かに語られるおはなしは、たいへんにおおらかで素朴でありながら、その中にすがすがしい人間性を感じます。

本書では、「マダガスカルのものごとのはじまり」とひとくくりにして、マダガスカルの自然界の生き物たちの伝説をいくつか加えました。「どうして、ネコとネズミは仲が悪いのか」などという素朴な疑問に、ユーモラスに答える、たいへん楽しいおはなしです。

コモロ共和国は、マダガスカル島とアフリカ大陸のあいだのモザンビーク海峡にある小さな島々からなる小さな国です。この国の国教はイスラム教で、人口の九十九パーセントがイスラム教徒であり、語られるおはなしも、またその影響をつよく受けています。なかでも、「イブナスゥイヤ」は、コモロ諸島のおはなしのなかでは非常に有名な人物です。イブナスゥイヤは知恵者ですが、誰からも好かれる好人物ではなく、生活感にあふれ、また抜け目のない人物として描かれているのが面白い点だと思います。

マダガスカルのおはなしにしても、コモロのおはなしにしても、口承のおはなしがいまだに大きな娯楽として存在する地方では、おもしろく語るために、話し手が聞いた話をくずし、またつけ加えて、本来のストーリーがどんどん変わってくる性質がみられます。一つのおはなしが話し手の数だけのバリエーションをもって語られるのです。しかし、それは語りを聞く楽しさでもあります。

一つのおはなしを、いきいきとつたえるためには、表現力と、なによりも伝えたいという意思が必要です。それは、話すことによって人とつながろうとする意思、と言いかえてもよいと思います。たくさんの人からおはなしを聞いて思うのは、おはなしは、たんなる情報の交換というだけではない、ということです。おはなしを聞きながら、話し手と聞き手は、笑い、驚き、悲しみ、といったいくつもの感情を共有することになります。それは同じときと場所をすごす、という実感を分かち合うことでもあります。こうした素朴な、しかし力強い、人と人のつながりは、現代の多すぎる情報の中で暮らすわたしたちが、振りかえるべき「人間らしさ」ではないか、と思うことがあります。

また本書には、現在、私の住むフランス海外県、レユニオン島につたわるおはなしをいくつか加えました。レユニオン島が前記の島々と大きく違うのは、この島がもともと無人島であり、島の住人の歴史がたったの三百年弱と短い点にあります。島への移住が始まったのは、大航海時代。さらにブルボン王朝が、当時ブルボン島と呼ばれていたこの島にコーヒーのプランテーションのために多くの奴隷をつれてきたことにはじまります。

一九四六年に住民投票でフランス海外県としての運命を選んだレユニオン島では、近代化、生活のフランス化が大変な速度で進み、口承のものがたりを火を囲んで聞く、ということ自体が、もうずいぶんまえにむかしばなしとなってしまいました。その代わり、図書館や本屋に行けば、多くの人の努力で、文章化されたレユニオン島に伝わるむかしばなしを見つけることができます。島の伝統を守ろうとする動きの中で、また何人かの「ものがたりを語る人」たちが、ときどき子ども向けの「おはなし会」を開催し、むかしばなしを伝えています。またレユニオン島の歴史を伝えゆく中で、子どもたちも自分たちのアイデンティティーとして、「レユニオン島人」としてのアイデンティティーを強く持っているように思います。

おはなしの中の最後のカルばあさんは、とくにレユニオン島に住むクレオールにはよく知られた伝説の人物です。いまだにレユニオン島のこどもたちを夜、震え上がらせるには、「カルばあさんが来るよ」とおどすのが効果的だそうです。

なお、本書に使った挿絵は、すべて私が描いたものです。このレユニオン島という南の島でのゆったりした生活の中で、再び絵筆を握るという喜びを見いだすことができました。南の島の雰囲気が少しでも伝われば幸いです。

最後になりましたが、南インド洋という日本ではあまり知られていない地域のむかしばなしを、再び紹介する機会を作ってくださった論創社、森下紀夫社長に深く感謝いたします。そして、手間のかかる作業を経て、一冊の本という形に編集してくださった、松永裕衣子さん、誉田英範さん、装丁をしてくださった野村浩さんに、心から感謝いたします。さらに、出版のために再びご尽力くださった重松和江さん、本当にありがとうございました。マダガスカルのむかしばなしが、こうして本という形になったのは、たくさんの方々のおかげです。おはなし集めに協力してくださった方々はいうまでもなく、原稿と挿絵の原画をレユニオン島からわざわざ持って帰ってくださった、UCCの山縣克哉さん、中桐理さん、柳川智子さん。絵のアドバイスを下さった、中学の絵の恩師、榎原真寿美先生。変わらず惜しみない援助をしてくれ続けた勝牧子さん、ご家族のみなさん。また、陰で支え続けてくれた両親、夫、子供たち。レユニオン島の生活を綴っている拙ブログ『インド洋に浮かぶフランス、レユニオン島』で応援くださった皆さん。変わらぬ、心温まる応援をしてくださるかたがたに、深く深くお礼を申し上げます。本当に、ありがとうございました。

二〇一〇年十一月　レユニオン島にて

川崎奈月

参考文献

DECARY, Raymond ; « Contes et légendes du sud-ouest de Madagascar », ed. G-P Maisonneuf et Larose, 1964.

VALLY-SAMAT, Renée ; « Contes et légendes de Madagascar », Fernand Nathan, Paris, 1954.

RABEARISON; « Contes et légendes de Madagascar »,2nd ed., T.P.F.L.M.,1994.

SAID, Abdallah ; «Contes des îles de la lune (contes comoriens)», Harmattan, 1995.

ABDILLHA, BARWANE, SAID ABDILLAH ; «Mensanges, mensanges ! Mais qui osera me contredire ? Contes des îles de la lune», KomEdit, Moroni, 2002.

HATUBOU, Salim ; « Sagesses et malices de Madi, l' idiot voyageur », Albin Michel, Paris, 2004.

FOURCADE, Georges ; « Z' histoires la caze », Editions Jeanne Laffitte, Paris, 1976.

川崎奈月（かわさき なつき）

岡山県生まれ。1998年に渡仏。フランス本土の街、トゥールーズ、ナンシーの大学にて法学を勉強した後、2003年よりフランス海外県レユニオン島に滞在。南の島のゆったりした生活の中で、再び絵を描きはじめる。二人の男の子のママ。著書に『マダガスカルの民話』（論創社）。

バオバブのお嫁さま

二〇一一年三月二〇日　初版第一刷発行
二〇一一年六月一〇日　初版第二刷発行

編訳・絵　川崎奈月
装　丁　野村 浩　N/T WORKS
発行者　森下紀夫
発行所　論創社
東京都千代田区神田神保町二－二三　北井ビル
電話〇三－三二六四－五二五四　FAX〇三－三二六四－五二三二
振替口座〇〇一六〇－一－一五五二六六
印刷・製本　中央精版印刷
ISBN978-4-8460-1059-1